《漫游楚雄》编委会名单

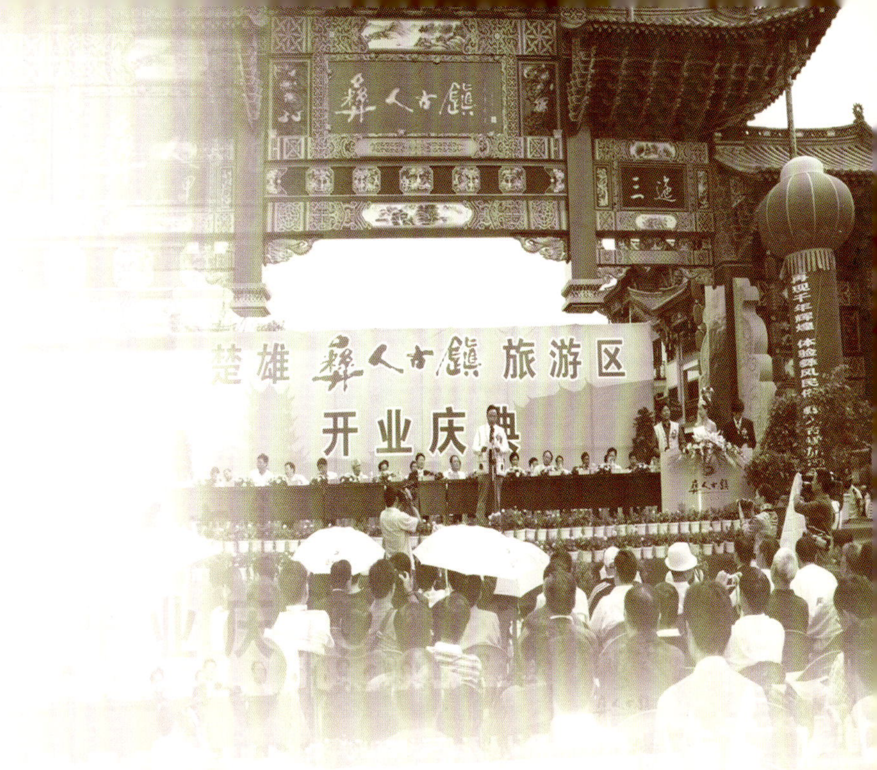

漫游楚雄

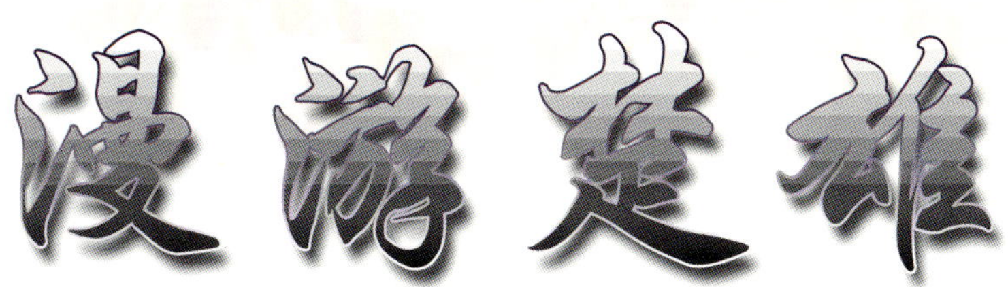

Manyou Chuxiong

楚雄州旅游局　编

李玉林　主编

云南大学出版社

图书在版编目（CIP）数据

漫游楚雄/楚雄州旅游局编.—昆明：云南大学出版社，2008

ISBN 978-7-81112-536-8

Ⅰ.漫… Ⅱ.楚… Ⅲ.旅游指南—楚雄彝族自治州 Ⅳ.K928.974.2

中国版本图书馆 CIP 数据核字（2008）第 039378 号

漫游楚雄

楚雄州旅游局 编

李玉林 主编

策划编辑：伍 奇 孙吟峰
责任编辑：李兴和 刘 焰
封面设计：黎之祥
出版发行：云南大学出版社
开 本：787mm × 1092mm 1/32
印 张：6.375
字 数：144 千
版 次：2008 年 6 月第 1 版
印 次：2008 年 6 月第 1 次印刷
书 号：ISBN 978-7-81112-536-8
定 价：28.00 元

地 址：昆明市翠湖北路 2 号云南大学英华园内
（邮编：650091）
发行电话：（0871）5033244 5031071
网 址：http://www.ynup.com
E-mail：market@ynup.com

世界恐龙谷

飞龙秋千

恐龙大本营

龙柱擎天

中国彝族文化大观园

彝人古镇

彝族十月太阳历文化园

楚雄州博物馆

楚雄福塔

南华咪依噜风情谷

元谋东方人类祭祖坛

山地度假山庄

乡村旅游区

星级酒店区

游憩商业区

特色旅游小镇

禄丰黑井古镇

姚安光禄古镇

大姚石羊古镇

禄丰炼象关

武定狮子山

双柏碍嘉

武定水城河

大姚三潭瀑布

元谋土林

优美的自然风光

禄丰五台山

牟定化佛山

永仁方山

元谋金沙江

大姚县华山

序

楚雄彝族自治州人民政府州长　杨红卫

楚雄地处滇中腹地，是远古水生物征服陆地以及陆生动物发展、进化的重要舞台，是史前人类文化演化的重要区域，是古代西南文化的交汇点。全州国土面积 29258 平方公里。人口 260 万，其中彝族占总人口的 27%，是少数民族中的主体民族。全州辖楚雄市和双柏、牟定、南华、姚安、大姚、永仁、元谋、武定、禄丰等 9 个县。州府楚雄市是全州的政治、经济、文化中心和交通枢纽。

楚雄历史悠久、山川秀丽、资源丰富、气候宜人、生态良好。这里是人类发祥地和远古博物馆：禄丰恐龙山保存着当今世界最完整的距今 1.8 亿年前的恐龙化石；禄丰和元谋境内分别发现了距今 800 万年前的腊玛古猿和 170 万年前的“元谋人”门齿化石；这里出土的春秋战国时代的铜鼓、编钟，是世界上已知最早的青铜器。这里是古代彝汉文化交汇地：南方丝绸之路的灵关道从东而西穿越；这里有黑井古镇、石羊古镇、光禄古镇、金山炼象关……历史在这里留下古老、珍贵的人类文明遗迹。

这里是彝族风情园：楚雄是全国 30 个少数民族自治州中的两个彝族自治州之一，数千年历史长河造就了源远流长、博大精深的彝族文化；彝族长篇创世史诗《梅葛》、《查姆》气势恢弘、别具韵味；古老的十月太阳历可与美洲玛雅文化相媲美。生活在这块古老而神奇土地上的 60 多万彝族同胞，其支系达 13 个之多，世代传承下来的民族建筑文化、服饰文化、歌舞文化、节庆文化、饮食文化、宗教文化、民族体育文化、毕摩文化、民族文学艺术等独具特色，堪称中国彝族文化大观园。

这里是滇中大通道：楚雄彝州自古为迤西咽喉、省垣门户，位于滇中高原北部，东邻昆明，西邻大理，南接玉溪、普洱，北靠四川攀枝花，西北与丽江隔金沙江相望；108 国道、成昆铁路、安楚公路、楚大公路穿境而过；今日楚雄高等级公路、铁路纵横东西南北，成为省会昆明通疆达川的最便捷通道，也是前往世界自然遗产“三江并流”自然保护区和香格里拉旅游区的必经之地，旅游区位优势明显。

这里是绿色生态州：楚雄彝州森林覆盖率达 61%，主要旅游区（点）达到 95%；州内哀牢山国家级自然保护区是云南省 6 个自然保护区之一；武定狮子山、永仁方山、楚雄紫溪山、元谋土林、禄丰恐龙山、牟定化佛山、大姚昙华山、双柏碍嘉—白竹山被列为省级风景名胜区，占云南省 47 个省级风景名胜区的 17%，楚雄是滇中名山、地质景观的重要聚集区。

旅游业是一项经济与文化高度融合、相互渗透的现代经济文化型朝阳产业，涉及面广、综合性强、并联度高、产业链长。大力发展文化旅游产业，既是楚雄州贯彻落实科学发展观、发展特色经济、调整产业结构、建设社会主义新农村的重要内容，也是弘扬民族文化、增强全州经济社会发展活力、构建和谐彝州、推进彝族文化名州建设的迫切需要。近年来，楚雄州文化旅游业紧紧抓住云南旅游“二次创业”的机遇，依托“一彝三古”的资源条件和良好的区位交通优势，积极发挥政府主导作用，努力整合旅游资源，优化配置要素，奋力开拓旅游市场，在旅游规划、项目开发、产品提升、招商引资、区域合作、行业管理、人才培训等方面做了大量工作，全州文化旅游产业迈出了新的步伐。

正值楚雄彝族自治州建州 50 周年之际，楚雄州旅游局组织编写、出版《漫游楚雄》一书，囊括了楚雄州主要的景区景点，内容新颖、主题鲜明、重点突出，集中展示了楚雄州丰富的自然、人文及民族文化。该书出版后既可以成为外地游客了解楚雄地方文化和历史文化的导游资料，又可以成为全州导游培训学习的规范资料。我相信，该书必将在今后的旅游服务中发挥积极的作用。

楚雄的文化旅游业发展方兴未艾。我相信，在州委、州政府的正确领导下，在社会各界的关心支持下，在旅游业内人士的共同努力下，楚雄的旅游业一定会蓬勃发展，谱写辉煌的篇章。

是为序。

2008 年春

目　录

禄丰世界恐龙谷

各位嘉宾，大家好！

欢迎你们到世界恐龙之乡禄丰来！下面让我们一起走进云南禄丰恐龙国家地质公园，到世界恐龙谷景区游览观光。

入口广场

请大家随我一起走进亿万年前的恐龙王国，探访曾经主宰地球近2亿年的恐龙王朝，与已沉睡在此亿万年的王者——恐龙做一次地球两代霸主间的时空对话。同时我们还将穿越惊险神秘的侏罗纪世界，亲历恐龙王朝的兴衰演化，在这个失落的世界里享受人类文明的快乐时光！

恐龙谷景区坐落于中国云南禄丰恐龙国家地质公园内世界级的史前大遗址——川街恐龙山保护区内，是一处依托恐龙化石埋藏遗址和山谷台地自然景观，按国家AAAAA旅游区标准而建的，集遗址保护、科普科考、观光游览、高科技娱乐和休闲度假于一体的科考朝圣、观光休闲旅游景区。

现在我们游览的“恐龙谷”核心景区总面积为1平

方公里，由入口景观区、“中国禄丰恐龙遗址馆”区、“侏罗纪世界”游览区和“侏罗纪嘉年华”游乐区四大景观游览区组成。

在入口景观区我们可以看到四根拔地而起的擎天大柱，斑驳的石柱上雕刻着残缺的恐龙骨架浮雕，沧桑而神秘。前面那片宁静的水面就是美丽的阿纳湖，一条粗糙原木栈道跨湖而筑，通过这条“侏罗纪栈道”，我们就登上了侏罗纪城堡，进入了侏罗纪世界——恐龙王国。

大家知道，在地球长达46亿年的历史中，恐龙曾是地球上生活过的一群最庞大的动物！

恐龙出现于中生代晚三叠纪、繁荣于侏罗纪、灭绝于白垩纪末期，主宰地球1亿6000余万年；而我们人类，出现于晚生代第四纪，主宰地球仅为200余万年。

恐龙在1.6亿年前组成了一群几乎如哺乳动物般多样的群体，而且表现得比哺乳动物更为成熟。最后一批恐龙在6500万年前（白垩纪末期）灭亡，远比人类的演化早了6500万年！

我们人类自身的过去与恐龙的命运息息相关。如果它们没有灭亡，那么哺乳类——包括最后出现的人类，也就永远不可能称霸地球，我们也不会到禄丰来看恐龙了。

恐龙在地球上已经成为过客，离我们远去。它们中的一部分变成了化石埋藏在世界各地的岩层里，中国是世界恐龙化石资源最多的国家之一，目前除台湾和福建两地外，恐龙化石遍布各地。而各位现在所在的云南禄丰，既是发掘出中国第一条恐龙化石骨架的中国“恐龙原乡”，也是目前世界上恐龙化石保存的数量最多和质量最高的世界“恐龙化石之仓”。

内集散广场

在这里，大家可以选择乘坐电瓶车或步行，开始充满乐趣的恐龙王国之旅。

现在，我把禄丰与恐龙的长达亿万年的因缘关系介绍给大家。

禄丰县位于云南省的中部地区，出昆明往西经安楚高速公路 80 公里即进入了禄丰县境内，禄丰县属于楚雄彝族自治州辖区范围，居民多为彝族同胞。

禄丰是一个历史悠久的小内陆盆地，是古代南方丝绸之路和茶马古道向滇西南延伸的一个重要驿站。20 世纪三四十年代滇缅公路穿境而过，成昆铁路、昆—大—丽公路建成更使其成为通往滇西南、滇西北的交通咽喉。但是，真正使禄丰闻名世界的是在这里发掘出了中国第一具恐龙化石骨架——“禄丰龙”。

在面积约 414 平方公里的禄丰盆地，沉积着厚达三四千米的碎屑岩层，这是一亿多年前的中生代，也就是恐龙繁荣的时期，由河流搬运和湖泊堆积而形成。大家可以看到，这些紫红色、红色、灰绿色和黄绿色的岩层，一层叠压在一层上，在盆地中大面积地暴露出现。最上层的红色地层，因遭风蚀雨淋，风化成许多大大小小的沟壑山梁。山梁上植物稀疏，常有动物化石出露，只要稍加注意便可捡到。一直以来，当地的老百姓把这些形状奇异的化石称为“龙骨”，认为是传说中的“龙”死后留下的骨头，赋予其神灵色彩，将其供奉家中用以镇宅辟邪。也有胆大的，将呈凹陷状的脊椎骨化石拿回家当灯盏使用。

1938 年，抗战期间，中国古脊椎动物学奠基人、时任中央地质调查所昆明工作站站长的杨钟健先生和两位助手——古生物学家卞美年、王存义在禄丰地质考察时，于禄丰县城北沙湾采集到了这些被称为“龙骨”的恐龙化石，书写了中国恐龙研究史上最为辉煌的篇章。

1939 年，中国首具恐龙化石标本——“许氏禄丰龙”在重庆装架展出，禄丰龙作为中国人自己发掘、研究和组装展出的第一条龙惊现当世，云南禄丰从此被称为“中国恐龙原乡”。之后 60 余年，中外古生物学家不断到禄丰进行考察、发掘，禄丰盆地成为世界著名恐龙化石产地。我们随手翻开任何一部古生物教科书，都可以看到关于禄丰恐龙的记载。1958 年，国家邮政部发行禄丰龙纪念邮票，成为世界上第一枚恐龙邮票。

在禄丰盆地出土的“禄丰蜥龙动物群”，已经是我国乃至世界上目前发现的最丰富和最完整的古动物群之一。禄丰恐龙化石集中点主要有两处：一是 1938 年出土的中国第一条恐龙化石骨架的大洼恐龙山，另一处则是我们现在所在的川街恐龙山——一个发现于 1995 年。发掘于 1997 年的世界级恐龙墓地。这是迄今为止，世界上侏罗纪中晚期的一个最大的恐龙化石大坟场，一个曾在 1.6 亿年前真实存在的“侏罗纪公园”。

至此，禄丰已成为目前世界上唯一的一处在同一系列剖面上连续出现侏罗纪早、中、晚期三种恐龙动物群化石和伴生的古生物化石的“化石之仓”。2004 年禄丰被国土资源部公布为第三批国家地质公园。

2008 年，禄丰县秉承“就地保护、科普交流、开发利用、造福当地”的宗旨，由金时代控股有限公司在这

里建成了“中国云南恐龙谷”景区。这样不仅为来自世界各地的科学工作者永久保留了一方探究和解读亿万年前深埋在古老地层中的生命密码的科考天地，同时也为来自世界各地的游客再塑了亿万年前神秘土地远古生物生存的真实场景。大家才有机会走进侏罗纪，与亿万年前的恐龙作一次零距离的沟通、交流，共享地球留给我们人类的宝贵遗产。据说，能够这样近距离地观看恐龙化石，在美国是总统才能享受的待遇！我们可要好好地珍惜这集亿万年为一瞬的机会哦！

遗址广场

现在我们来到了遗址广场，进入发现于 1995 年的世界恐龙大坟场。请大家留意，你的脚下踩着的红色砂岩就是侏罗纪时期的土层，土层下就躺着已经沉睡了亿万年的恐龙，这里还有很多已经出露的恐龙化石。看，前面有一处恐龙化石景观，一只出露的恐龙前爪托举起一个侏罗纪时期的地球模型，向我们传达了恐龙作为中生代地球霸主的王者之气。

这片享誉世界的恐龙化石遗址发现于 1995 年。当年，禄丰川街老长箐村青年罗家有在自家的承包地上用锄头挖出了两块圆圆的石头，在“恐龙之乡”土生土长的罗家有意识到这可能是恐龙化石，就将这两块化石送到禄丰县恐龙博物馆鉴定。经鉴定，这是两块特别大的恐龙脊椎骨化石，与常见的禄丰龙脊椎特征不一样。博物馆专家马上赶到化石现场，也就是我们现在所在地进行考察，证实了这是一种前所未见的巨大的恐龙骨架化

石，埋藏于距今约 1.6 亿年的侏罗纪中晚期紫红色砂质泥岩中。这一时代的恐龙化石在世界各个大陆上均十分稀少，这一遗址的发现对于研究和了解侏罗纪中晚期恐龙形态特征具有很重要的意义，它为建立恐龙的演化序列提供了有利的背景资料。禄丰川街地质剖面上呈现三个不同时代的恐龙化石层，是世界罕见的地质现象。在中国，它是继四川自贡后又一个世界级的恐龙墓地，也是迄今为止，世界上侏罗纪中晚期的最大的恐龙大坟场。

为保护和开发这一世界奇观，让人类共享这一宝贵的自然遗产，我们将这里开辟为遗址保护区，建起了一座集遗址就地保护、科研交流、旅游观光等多项功能为一体的综合性自然遗址保护建筑——中国禄丰恐龙遗址馆。

我们看到的中国禄丰恐龙遗址馆是由序馆、时光隧道、主馆三组建筑组成，投资 8000 万元，占地面积 8817 平方米，恐龙遗址馆总建筑面积为 9991 平方米，其配套建筑序馆为 3000 平方米。两座建筑之间以时光隧道相连接。依山而建的遗址馆外形设计，旨在凝固历史瞬间，再现恐龙大灭绝的震撼场景。通过倾斜、扭转、切削等建筑手法的运用，表现恐龙灭绝那一瞬间的悲壮、惨烈气氛。整组建筑已成为昆（明）—大（理）—丽（江）高速公路沿线一座引人注目的地标建筑。

在进入遗址馆序馆之前，我向大家介绍一下禄丰恐龙化石的特点。

世界各地产出的恐龙化石特点迥异，但一般仅属于侏罗纪某一时期、某一种类，或个体残损不全，或零星发现，规模较小。而禄丰恐龙化石具有以下特点：

一是生存年代跨度大。禄丰发现的恐龙生存距今

1.35~1.8亿年，纵跨三叠纪、侏罗纪、白垩纪三个时代，其侏罗纪中期时代化石最为完整，涵盖了早、中、晚侏罗纪时代的恐龙生存演化轨迹。草食性、肉食性，侏罗纪早、中、晚期的恐龙同处一地，在世界上独一无二。

二是个体保存完整。恐龙化石个体完好率达到相当高的程度，连小的尾椎、趾骨及发掘时最易碎的肋骨均保存完好，骨纹相当清晰。

三是埋藏区域集中。恐龙化石主要集中于大洼恐龙山和我们现在所处的川街恐龙山，在这10000平方米范围内的岩层中所埋藏的恐龙化石有百具以上，是举世无双的高密度、多种类恐龙化石埋藏点，堪称“恐龙化石宝库”。

四是种属分类众多。1938年以来，禄丰境内发掘出土的古生物化石已达507种，其中动物化石有290种，植物化石达217种。研究表明，仅大洼恐龙山发掘的恐龙就达25属34种之多；而这里从1997年开始系统发掘，随着研究的深入，不断有新的恐龙种属被发现。

五是待解奥秘无穷。恐龙留下了许多世界性奥秘，揭露谜底是全球性课题。禄丰恐龙的神奇奥秘令人神往，孜孜以求，恐龙密集之谜、跨越时空之谜、种属众多之谜、头向东方之谜、无恐龙蛋之谜等，无不体现着禄丰恐龙家族的独特和神奇的奥秘。

遗址馆序馆

现在我们已经进入了中国禄丰恐龙遗址馆的序馆。大家首先看到的是一具完整精巧的禄丰龙骨架，这具堪称“镇馆之宝”的恐龙骨架就是1938年在禄丰大洼山出露的

"许氏禄丰龙"之一。为了让大家一睹"禄丰龙"当年出露时呈现的原始状态，真实再现距今1.8亿年前的地球霸主的临死状态，我们将其整体起挖移位在此展出。

我们看到旁边有两尊人物雕像，他们分别是中国恐龙研究之父杨钟键先生和他的学生——著名恐龙研究专家、中国科学院古脊椎动物研究所研究员董枝明教授。

杨钟键先生(1897—1979年)是陕西华县人,1923年毕业于北京大学地质系,是我们第一代地质古生物学家,是中国古脊椎动物学的奠基人。1938年,他策划组织了云南中、新生代"红层"研究,他的两名助手——地质古生物学家卞美年和脊椎动物化石采集家王存义被委派去元谋调查第三纪地质。返程途中,他们在禄丰盆地的"红层"中发现了举世闻名的禄丰蜥龙动物群,由此翻开了中国恐龙发掘史上最辉煌的一页,奠定了中国恐龙研究的基础。从1938年开始,杨钟键先生一直致力于禄丰蜥龙动物群的研究,著述不辍,为中国古脊椎动物学研究贡献了一生。

中国科学院古脊椎动物与古人类研究所研究员、恐龙研究专家董枝明教授，毕业于复旦大学，追随导师杨钟键教授从事恐龙研究，至今他已经为35种恐龙起了名字，被誉为"中国龙王"。董枝明教授和禄丰恐龙有着不解之缘，早在20世纪70年代他就来到禄丰考察恐龙化石，1997年开始在禄丰主持川街恐龙的系统发掘研究工作。"在禄丰建一个中国人自己的侏罗纪公园"是他退休后最大的心愿。2000年，经云南省文化厅批准成立了"侏罗纪世界公园研究中心"，中共禄丰县委、县人民政府聘请董枝明教授为恐龙研究中心主任。

在这幅表现中国古生物学家和地质学家在禄丰进行

野外考察活动的浮雕背景墙前，是一个正在自转的地球，我们可以通过操作按钮，实现站在宇宙看地球、站在地球看禄丰的梦想。当你锁定中国、锁定云南、锁定禄丰时，你会发现有一处形似巨大“陨石坑”的地貌，那就是我们现在所在的位置——禄丰川街。这个“陨石坑”是真是假？“陨石坑”与恐龙灭绝是否有关系？除此之外，这里还为大家列出十大“恐龙之谜”，这些都是有待我们去探究的奥秘！

大家看：前面有一只可爱的小三角龙，她就是我们恐龙王国里“恐龙古镇”的阿纳公主，正在此迎接各位。现在就请大家在“阿纳公主”的引导下，带着有趣的“恐龙之谜”，畅游奇妙的“恐龙古镇”。在这里，你会认识禄丰恐龙家族的全体成员和它们那些遍布世界各地的“恐龙远亲”，寻找到今天仍生活在我们身边的“恐龙”后代，你还会回到恐龙王朝，目睹恐龙家族的奇妙生活和兴衰历史，亲身体验陨石坠落、恐龙灭绝的恐怖一刻。在二楼的互动区里，有二十余项与恐龙亲密接触的互动娱乐项目，可以寻找恐龙蛋，与恐龙聊天、跳舞、一起做拼图、赛跑、角力、智商测试等各种有趣的竞赛活动，还可以操纵电脑挖掘恐龙化石和动手制作恐龙骨骼模型。（展馆详细内容略）

时光隧道

这是一条展示地球生命演变和进化的时光隧道，我们将进入一个岁月之梯，循着早期生命起源的印痕，在短短20分钟内走过地球生命几十亿年的演化历程。最后

进入到古生物学家为我们打开的“侏罗纪世界大门”，一览世界级奇观——禄丰恐龙大遗址。

遗址馆主馆

现在，我们就已经站在了目前世界上最大的恐龙大墓地的遗址现场，我们面对的是两大世界奇观：创吉尼斯世界纪录的恐龙化石骨架大展示，世界级恐龙化石遗址发掘现场。

大家看到的这 50 具恐龙化石骨架都是自 1938 年以来，在禄丰被陆续发掘出土的禄丰恐龙化石骨架，这 50 具骨架在三个平台上以不同的主题装架展出，让我们从仰视、平视、俯视三个角度与相隔亿万年的地球主宰者进行一次亿年一遇的沟通与对话。这里每一具恐龙化石都在叙述着一个个故事，为已经逝去的亿万年光阴留下真实记录。我们研读化石，可以知晓亿万年前众多生灵兴衰悲壮的历史，这些“历史”因不可再现而分外珍贵。(各恐龙的详细介绍略)

现在呈现在我们面前的这片紫红色砂岩坡面，就是 1.6 亿年前的中侏罗纪晚期的地质剖面，也就是震惊世界的恐龙大墓地。

根据埋藏学的分析，这一墓地范围约 10000 平方米。这些动物死亡后曾经遭到过搬运，堆积在河、湖的漫滩中，但搬动的距离不远，埋藏的方向和密度很有规则，墓地化石保存相当好，也比较集中。初步判定这是一次集体死亡事件，造成灾难的原因目前还不得而知，有待进一步的研究。

1997 年，中国古生物工作者和美国圣姆大学的地质工作者一起在这里做了 3 个年度的野外发掘工作。在已暴露出的 380 平方米的范围内出土的恐龙骨骼化石有 12 个个体。有巨型的四足行走蜥脚类恐龙 11 具，其中一具骨架保存近于完整，全长约 19 米；肉食性的兽脚类恐龙骨架一具，保存长约 6 米。在化石坑中还有许多完整的蛇颈龟化石。从化石堆积的时代和埋藏状态推测，这里也有望发现剑龙类、小型鸟脚类和其他门类化石。美国圣姆大学的 R. 凯斯教授认为，在川街这一恐龙化石产地，化石保存数量和质量都将有可能超过美国犹他州（美国恐龙纪念地）的恐龙。

2002 年，为了验证这一恐龙墓地埋藏恐龙骨骼的数量，古生物学家和地质学家在西则开挖了一个探坑（120 多平方米），现已按预测出露恐龙化石，其中最大的一块肩胛骨长 1.9 米，为亚洲之最。据此推算，这具恐龙体长在 30 米左右。可以确信，这一恐龙墓地有上百具恐龙存在，全部掘出将是世界一大奇观。

遗址馆出口

离开了神秘壮观的“恐龙墓地”，我们又将进入这个重现在我们眼前的“侏罗纪世界”。在这里，我们将体验到重返侏罗纪的新奇与神秘，穿越侏罗纪的惊险和刺激。最后，在侏罗纪嘉年华里尽情享受与恐龙共舞的欢乐时光。

在进入侏罗纪世界前，大家将经过一条长长的“科普大道”。我们看到在道路的右边是砂岩堆积裸露

的小山丘，这是典型的侏罗纪时期的地质地貌，沿途可以看到许多处早侏罗纪和中侏罗纪时代的历史层面真实的展现，整座山丘已经被辟为“科考营地”。科考营地是恐龙遗址馆的延伸部分，该区域有着丰富的地质剖面和特殊地貌景观。这里有小恐龙遗址馆、化石发掘体验营、科考小径、科考大本营、野外拓展基地等，是参与和体验野外科考乐趣，实地获取古生物及地理知识的天堂。

侏罗纪世界观景台

侏罗纪山谷是侏罗纪世界中最刺激、游乐项目最丰富的游览区。自然的山谷地貌，瀑布、河流、湖泊，真实再现了侏罗纪时代恐龙王国的生活场景。侏罗纪世界内有水、陆两条游路贯通，游客可以选择步行，或乘漂流筏穿越侏罗纪世界，游历“重返侏罗纪”—“侏罗纪历险”—“阿纳湖休闲”—“侏罗纪嘉年华”四大区域。

重返侏罗纪

现在我们已经走进壮观的侏罗纪世界，进入了亿万年前的恐龙王朝生活场景。大家看，这里有翠绿的山谷，壁立的山崖，从山崖上跌宕而下的瀑布，在潭边和丛林里饮水觅食的恐龙，在沙丘边沼泽地追逐争斗的恐龙，高大的树林里若隐若现的巨大梁龙……

侏罗纪历险

现在，我们准备穿越侏罗纪世界回到我们人类的家园，这是一次惊险而有趣的旅程，我们可以选择步行或乘漂流筏穿越。

步行的游客将跟着恐龙脚印的“引导”，穿过一片被植物密集封闭的史前丛林，进入到沼泽地中，在恐龙的近亲鳄鱼和巨龟的家园将经历一段惊险的历程；乘筏漂流的游客将沿河道顺流而下，漂行在一片雨林之中，沿途将经过友善的“禄丰龙部落”，避开丛林中相互追逐格斗的凶猛暴龙，但可能难以逃脱河道中突然出现的鳄鱼群，和巨大的短颈龙掀起的扑面水浪……

好了，现在我们就开始历险之旅吧！

飞越侏罗纪

现在我们已经来到了一座神秘的洞窟前。看，洞窟崖壁上有一架坠毁的飞船。在这里我们可以找到回归家园最便捷的方法——乘坐“时空飞船”飞越侏罗纪。但我们无法预测在这段旅程中将会发生怎样的奇遇……

飞船就停在洞内，请大家按路标指示进入洞内，根据航天员的语音指示搭乘飞船。

阿纳湖畔

各位游客，我们历尽艰险终于回到了我们的家园，眼前这一泓美丽的湖水，就是阿纳湖。你们看，湖面上有好多的儿童在戏水游乐，还有人乘着溜索如翼龙般地

从湖面上凌空滑过，湖边别具风情的树屋平台上游客们在悠闲地喝茶观景……

在那边，湖畔小山坡上有一个宁静、悠闲的彝家山寨——阿纳山寨，在那里可以品尝到彝乡独特的风味美食。

现在，请大家在这个美丽幽静的阿纳湖畔休息一会儿，休憩过后，我们将进入一个充满活力和欢乐的侏罗纪嘉年华游乐区。

侏罗纪梦幻剧场

在参加侏罗纪嘉年华疯狂活动之前，我们先到侏罗纪梦幻剧场去看一场“王者归来—相聚禄丰”的演出。

这是一场让大家在轻松和快乐中享受感官的刺激和精神的愉悦的演出。是在真实、自然的场景中用高科技手段制造出梦幻般的特效，结合演员在舞台上的精彩表演，台上台下共同演绎的一场视觉盛宴和互动狂欢。

我们将零距离地感受“山洪暴发，恐龙灭绝”的灾难；复活的恐龙将出现在我们的身边，与我们共舞，将我们狂欢的热情点燃。

好了，演出马上就要开始了，请大家坐下欣赏吧。（演出内容略）

侏罗纪嘉年华

这是一个狂欢的广场，这里有“鱼龙击水”、“暴龙猎人”、“梁龙秋千”、“恐龙骑士”等众多惊险刺激的大型游乐项目，你可以在这里一试身手，尽情挥洒激情与

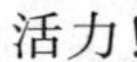

活力！

这里还有众多充满乐趣的游戏博彩项目，在这一条“幸运走廊”里隐藏着无数的机会，你不妨小试身手，碰碰运气，在快乐的玩耍中赢个恐龙金蛋，或者抱走个“阿纳公主”、“禄禄”、“丰丰”等可爱的小恐龙……

阿纳风情街

这是一条独具彝家风情的阿纳街，在快乐旅程即将结束的时候应该在街上徜徉一番，看看彝家风情，尝尝彝家风味，选购一些土特产和纪念品，让家人和朋友分享你的快乐！为自己的“恐龙谷”之旅留下美好的记忆！

各位游客：神奇快乐的“恐龙谷”之旅就要结束了，让我们向在这里静静等待了亿万年才和我们相见的恐龙说声“拜拜”吧！

一个曾经主宰地球近一亿六千万年的王朝已经消失了，这个王朝的结束既造就了我们人类的出现，也为人类在地球的生存与发展提供了前车之鉴。让我们一起来好好地珍惜和保护我们共同家园——地球！

千年盐都——黑井古镇

各位朋友：大家好！今天要带各位游览的是千年盐都——黑井古镇。

在滇中高原的崇山峻岭中，有一块神奇而古老的土地，它虽小如一枚“弹丸”，却承载着丰厚的历史文化，并流传着一个个美丽而动人的故事……它曾经名扬千里、辉煌数百年，这就是闻名遐迩的国家级历史文化名镇、国家 AAA 级旅游景区——黑井古镇。它与丽江古城的小桥流水相比，街巷间则多了几分千古悠悠之情。龙川江穿镇而过，红砂石铺就的汉代马帮盐运道与城中宽不过三尺的街巷相依相偎。月朗人寂的夜晚，红砂石砌成的石坊漠然矗立，五马桥边万家灯火，叙说着一个遥远深邃的繁华世界。绵绵秋雨中，武家大院风化的石柱脚、黑井文庙中斑驳的石墙都在诉说着一种破而不衰的风骨。

黑井自古以来就是产贡盐的地方，唐朝南诏时期由王室正式诏令开采，元朝设黑井盐运司，明清时期设置黑盐井课提举司。它位于禄丰县西北部，距县城 98 公里，距楚雄市 76 公里。四周山峦起伏，箐壑幽深。龙川江自南而北纵贯全境，形成千峰耸峙，一水中流的地形。黑井依山傍水，是一个存封于龙川江河谷中的世纪小镇。

关于黑井，有这么一个传说：远古时候有一个名叫李阿召的彝族姑娘，放牧的时候发现一头膘肥体壮的黑牛总是喜欢独自舔食一处山崖，她对此非常好奇，结果她试着也去尝一尝，竟然是咸的。后来人们在此地开凿盐井，为纪念黑牛发现卤水的“历史功绩”，古人便称此处为“黑牛井”，“黑井”之名由此而来。其所产之盐虽名为“黑盐”，实则“洁白味美”，素有“两迤名高第一泉”的美誉。黑井，是大理国仅有的9个盐井之一。熟读金庸小说的人可以在《天龙八部》中找到黑井：“云南产盐不多，通国只白井、黑井、云龙等九井产盐，每年须向蜀中买盐，盐税甚重，边远贫民一年中往往有数月淡食……”

自从发现了盐，黑井就成了一个闻名遐迩的地方。因为盐，黑井便有了“煮井垒银高玉碧，敲诗赌酒小梁园”的风雅。黑井盐业的开采和贩运始于汉，兴于唐宋，盛于明清。昔日黑井由于盐的经济地位，封建中央政权在这里建制，四方客商向这里云集，各种文化向这里渗透，形成了中原文化与地方文化、民族文化相融合的多元文化体系，致使黑井的历史文化、民族文化、建筑文化、宗教文化、饮食文化在云南全省乃至全国独树一帜。盐业的发展，使黑井在相当长的一段历史时期内具有雄厚的经济实力，在云南的财政税赋中占有举足轻重的地位，成为“富甲一方”的滇中经济重镇，从而留下了丰富的历史遗迹。昔日的黑井，不但经济发达，而且文化昌盛，仅明清两代，就有13人中进士。元明清三代，在黑井这块两山夹峙的弹丸之地，就建盖庵堂寺庙56座、文笔塔5座，还留下了不少很有历史价值和艺术价值的丰碑。

千百年来，黑井盐养育着一方百姓，频繁的盐业贸易，同时促使黑井成为迤西、迤东著名的“财赋奥区”。鼎盛时期的黑井，每天都有成千上万驮盐的马帮和盐商往来于此。小镇内是车来马往，商铺林立，盐商灶户家家兴屋建房，男女老少穿金戴银，镇内兴资办学，镇外产业兴旺，甚至昆明的祥云街、拓东路两大主要街区，都成为黑井人的房产。斗转星移，沧桑变迁。“盐都”早已失去了昔日的辉煌，却留下了古色古香具有唐宋风貌的坊巷，颇具明清风格的民居和碑刻、石雕、古塔、石牌坊、古戏台以及古寺庙、古盐井、煮盐灶具等，特别是享誉省内外保存完好的走马转角楼式的武家大院，吸引了众多的海内外游客。

说话间我们已经到达黑井了，黑井主要由两条小街组成，也就是一街和二街。它们并列于龙川江东西两岸，由横跨江面的五孔桥——五马桥相连。远远地望去，我们能看到连接峡谷隧道的成昆线铁路大桥。

现在请大家随我一起走进古镇的第一条小街，浅短、狭窄、弯曲的街道颇具古韵。大家会发现在街两边有很多铺台，像这样的铺台现在大约还有 160 个，有的仍在继续使用，绝大部分已废弃。所谓铺台，就是当地住家在自己临街街面用青石板砌出的一个平台，并将各种物品摆在台上出售，买卖一目了然，十分方便，赶马人牵着马便可以买所需商品。有的店铺为吸引顾客，还在铺台上放一瓦罐水和一把木瓢，供顾客和赶马人解渴。黑井的节孝总坊、五马桥、武家大院、文庙、大龙祠、庆安堤都是值得大家仔细品味的历史遗迹。

节孝总坊

来到一街街尾，我们看到的这个牌坊，就是著名的“节孝总坊”，是黑井古镇的标志性建筑之一。它建造于清光绪二十七年（1901 年）。由光绪皇帝钦准立坊。这座牌坊不是为某一女子所立，而是为旌表黑井、琅井、元永井贞节妇女道德所共立。它是一座牌楼式全红砂石质牌坊，为四柱三间结构。额枋上镶嵌的大理石板上，正中镌刻着“节孝总坊”四个大字，右边刻“霜筠”二字，左边刻“雪操”二字。这座古建筑，做工精巧，造型庄重，雕刻精美，堪称精品。牌坊周身布满浮雕，正中为“四龙戏珠”图案。三道门楣上用三层龙头、象鼻组成斗拱，构成 12 座石阙，高高托起牌坊顶部。共有龙头 68 个，象鼻 54 条。斗拱之间雕刻着“唐僧取经”、“牛郎织女”、“八仙过海”、“二十四孝”、“合和二仙”等民间传说故事和各式花鸟虫鱼纹案。整个牌坊装饰得玲珑剔透，光彩照人。

五马桥

这就是横贯龙川江东西两岸的五马桥，元代大德元年（1297 年）由云马山回族初建，明清时因水毁曾多次重修，是进出黑井的锁钥。桥为六墩五孔，长 60 米，宽 6.5 米，原为石墩木梁，面铺石板，两侧木质栏杆，两端于清代建有木质桥楼，既是查禁“私盐”的哨卡，又可供行人小憩。今桥楼已毁，1972 年改桥面为钢混浇筑。过五马桥后我们就进入二街了，这里是黑井古往今来的主要商业街，当年这条街上到处是旅店、饭馆、赌馆，

从天亮喧闹到天黑，又从天黑喧闹到天亮，其繁华的景象令人难以想象。下面，让我们沿着铺满红砂石的幽深古巷去探访当年黑井古镇的“豪宅”——武家大院。

武家大院

武家大院是黑井保存最为完整的明清建筑，隐含有“六位高升、四通八达、九九通久、王隐其中”的设计意境。武家大院始建于清道光十六年。大院坐西向东，依山就势而建，顺江呈“五字形，纵一横三”，布局独特。整个建筑由四个天井组成，共有99间房，108扇门，四通八达，规模宏大。大院的装饰颇具特色，大门为龙头、凤、象单一半拱组成的三重檐，四柱三门门楼，砖柱雕绘山水和花鸟图案，木柱由石狮驮撑。站在武家大院南厢房三楼，可鸟瞰黑井古镇全貌。

文　庙

各位游客，穿街过巷，我们来到了坐落于现今黑井小学里的文庙。它算得上是古镇规模最大的建筑群了，黑井当年的兴学风潮由此可见一斑。它始建于明万历四十五年（1617年），占地近6千平方米，坐北朝南。中轴线上自南而北，依次建有太平坊、泮池、大成门、大成殿。东侧建有名宦祠、先贤祠，西侧有乡贤祠。大成殿面阔五间，进深四间，为木结构单檐歇山顶，檐下由六层象鼻、凤头斗拱装饰。东西石壁的须弥座上刻有精美浮雕6幅。其中东侧的“九狮戏珠图”，特别引人注目。

大龙祠

各位游客，具有浓郁明代建筑风格的大龙祠，是黑井的又一古建筑精品。它始建于明代，坐西向东，雄踞于七星台上。由山门、大殿、南北厢房和大戏台等组成。大殿面阔五间，木结构单檐歇山顶。殿内原塑有一组雕像，中为龙王像，左为女性龙王像，右为神明大士像。塑像创作于清康熙元年，“文化大革命”时被毁。塑像上方高悬一块匾额，此匾长约 2 米，宽 80 厘米，匾上雕有 9 个龙头，书“灵源普泽”四个大字，为清雍正皇帝亲笔，是对当时黑井卤水惠泽天下的评价。山门上层内侧为戏台，面积约 100 平方米，具有近三百年的戏曲表演历史，是当年黑井镇的公共娱乐场所。

庆安堤

各位游客，现在我们站立在龙沟河庆安堤上。庆安堤最早修筑于清康熙五十五年（1716 年），光绪二十七年（1901 年）和 1937 年曾有两次较大规模的维修。堤长 385 米，宽 7 米，高 11 米，以巨型条石垒砌，条石间衔接处双凿出两两相对的燕尾榫槽，注入铁水固定，使整座大堤连为一体。据史料记载，龙沟河从元代至清代约 650 年间，曾发生过 16 次特大洪灾，多次冲毁盐井，以致“停煎误课”，故特修此堤以御洪患。庆安堤做工精湛，曾用四修五面八人抬大石支砌，历经沧桑，且意义重大，人们至今仍称之为“小长城”。

黑牛盐井和古法制盐作坊

大家都知道，中国有句古话叫做："山不在高，有仙则名。水不在深，有龙则灵。"黑井是一个盐产丰富的地方，绝峰山上，供奉着明王朝封赠的"盐水女龙王"雕像；大龙祠里也还完整地保存着雍正皇帝御笔亲书的"灵源普泽"匾。这块匾指的就是具有灵气的盐泉普遍滋润着一方百姓、养育一方人民，这盐泉说的自然就是黑井的卤泉：一股喝了能使人产生力气的珍贵卤泉。黑井镇内，现尚存有盐井遗址，即"黑牛盐井"。黑牛盐井为斜井，深 80 米，井口有石砌券门，高 2. 2 米，宽 1. 2 米。在黑井，你不该错过前往盐坊"自制私盐"的机会：从一个小木桶里把盐舀进沙锅，使劲压平、压紧，再用一根细木棍在盐巴上涂鸦，最后把沙锅放到火上烘烤，20 分钟后，把这块"私盐"用一块印有古代官印的红布包好，你即可将这块"私盐"运出黑井作为馈赠亲朋好友的纪念品。

各位游客，黑井古镇景点较多，现在我给大家留一点时间，让大家慢慢地领略诸天寺、飞来寺、进士院、真觉禅寺、真武祠、武功将军墓、石龙万春山寺僧人墓（和尚坟）、德政坊、锦绣坊（石龙村）、包家院民居、火葬墓群、新石器遗址、十八犁田、滴水箐瀑布等人文景观和自然景观。顺便提醒各位，玩累了不妨沿街找个茶馆泡壶老茶，品味街景，或走进味美价廉的小餐馆，品尝一下特色小吃。山蕨菜、石榴花、灰豆腐、牛干巴、盐闷肝、盐闷鸡（黑井盐熏制）都是当地别具特色的美食。

各位游客，黑井作为历史文化名镇，文物古迹众多，由于时间关系，我们就参观到这里。最后我引用清代黑井进士杨璇的一首诗作为结束语：

云烟联胜概古今，开拓庄蹻略地先。
山自点苍来凤岭，水从叶境江龙川。
五云赋重无双地，两迤名高第一泉。
圣代遐方多异数，不劳其敛拖筹边。

欢迎各位再次到黑井游览。

春城后花园——五台山

各位朋友，大家好!

欢迎你们来到世界恐龙之乡——禄丰旅游观光。在体验了禄丰世界恐龙谷的神奇惊险，感受了炼象关、星宿桥的古朴沧桑之后，让我们一起去看看山清水秀的滇中高原明珠五台山。

禄丰五台山位于禄丰县的中北部，地处禄丰、元谋、武定三县结合部，距县城有 30 多公里，因山势呈五个阶梯状不断增高而得名五台山。它横跨在禄丰县的中村、路溪两乡之间，是禄丰县境内最美的一座山。五台山海拔 2080 ~ 2525 米，总面积 43.5 平方公里，森林覆盖率为 80.5%，于 1981 年被列为云南省省级自然保护区，1993 年被列为省级风景名胜区。五台山集山景水景、瀑布溪流、古树名木、奇花异石等多种类型的景观于一山，具有“山奇、水秀、瀑丽、湖媚、谷翠”等特点。景区中有一条小溪在山谷间川流不息，流到嘎力寺湖的时候，豁然开朗，湖边草地广布，湖面烟波浩渺，风光旖旎，景色秀丽。沿溪漫步或赤足入水，嬉戏山涧湖畔，你将会感觉到十分凉爽惬意。湖中泛舟，更是赏心悦目。闲游岸边，空气清新，山花烂漫。最让人难忘的是民族歌舞和美酒。山清水秀的五台山是美术家、摄影家、旅行

家和生物学家理想的创作、疗养、游览和进行科学考察的好去处。主要景点有叽啦垭口瀑布、研臼河、嘎力寺湖、朝阳洞、大炉箐水库、仙人脚印、石牛山、瞭望塔等。

叽啦垭口瀑布

朋友们，前面就是叽啦垭口瀑布了。这条瀑布落差32米，从高山跌入林木苍莽的幽谷中，响声轰鸣，水花四溅，宛如一条洁白的绸缎从天空中坠落下来。

研臼河

游客朋友们，这里就是研臼河了。研臼河源于五台山茂密的大片阔叶林中，清澈的泉水顺着幽静的山谷流出，穿石缝，跳岩壁。最让人不可思议的是河床石板经流水长期冲刷，塌陷成大小不等的圆形石窟数以百计，大可卧牛，小则如杯盘，巧夺天工。流水过处，既像结构精巧的石臼，又似一尘不染的碧潭。河段宽处，疏可行舟，沿河尽是古树名木，鸟语花香，鱼跃蝉鸣。

嘎力寺湖

嘎力寺湖以古建筑嘎力寺而得名。美丽的嘎力寺湖则位于当地清水河的上游，水面呈一轮弯月状，长约2000米，宽300～800米，库容200万立方米。湖水清澈明亮，湖边景色秀丽、风光迷人，是滇中地区海拔最高的一个高原湖泊，素有“滇中高原碧潭”之美誉。嘎力

寺湖西南部山势陡峭，大片茂密的常绿阔叶林覆盖整个山峰和沟谷，泉水淙淙，四时不竭。东北部则缓坡延伸，以云南松林为主，间以部分阔叶树种，山茶、杜鹃、桃、梨等树木点缀其间。漫步幽谷，或闲游岸边，环境宁静、空气清新、山花烂漫、赏心悦目。

朝阳洞

朝阳洞位于嘎力寺湖南侧，为砂页岩崖洞。洞内空旷宽敞，有石桌、石椅、石床，可容千人住宿。洞底有两级石台阶，酷似点将台。朝阳洞是古时绿林好汉的宿营地和藏宝洞，崖洞幽深黑暗，现已没人敢轻易进入。

大炉箐水库

大炉箐水库位于五台山东部，库容 400 万立方米，库区西南部主要是常绿阔叶林，从山脊至沟谷直达水边。库区东北部，有挺拔的云南松顽强地生长在岩石缝间，树林与石林相伴。水中生长的树丛像披纱的少女，在池水中亭亭玉立；又酷似座座山水盆景，变幻莫测。来到这里，仿佛进入一个神奇的童话世界。

仙人脚印和石牛山传奇

仙人脚印位于五台山东部的岩板草地上。仙人的脚印长 78 厘米，宽 18 厘米，脚印分左右，清晰可见有四步，步距 2 米，步履均匀，仿佛巨人从这里经过留下的印痕。传说有一仙人下凡在水美草肥的西石坡放牛，突

然乌云骤起，狂风大作，电闪雷鸣，暴雨倾泻，霎时只听云端有一天将传下玉帝旨令，要他火速回宫，仙人急忙吆喝追赶牛群返天庭，踩下一路脚印，在慌忙中还遗漏了两头吃饱睡卧在山顶歇息的神牛。仙人走了以后，石牛山山顶的巨石，酷似两头大水牛并头卧在山巅。神牛变成石牛，故而将原来大头山更名为石牛山。

石牛山位于五台山东北部，大炉箐水库北侧，海拔2404 米。“石牛”周围遍布云南松幼林，间或有杜鹃花、山茶花等灌木丛。从“石牛”向东数十步，即是倒山箐，在万丈悬崖下，森林密集，千年长藤缠绕在古树名木中间，俨然一片原始森林。

瞭望塔

瞭望塔位于五台山上，海拔 2525 米，建于 1988 年，为六方塔，高 10 米。登上瞭望塔，举目远眺，一览众山小，五台山全貌尽收眼底，远山浮悬云端，近山鲜花烂漫，山冈沟谷林海茫茫。11 座波光粼粼的水库如玉镜般镶嵌在青山上，谷间熠熠发光。抬眼四顾，禄丰坝子、横山碧城、武定狮山、猫街花洞、高峰海联依稀可见，无比壮观，给人一种“会当凌绝顶，一览众山小”的豪迈之感。

游客朋友们，五台山还有很多景点，如金罐塘、锅底塘、葫芦塘、华松坡、老虎箐等，尤其是五台山周围的悬崖峭壁，奇石林立，如仙女散花，似观音菩萨，惟妙惟肖，不胜枚举。在五台山风景区一带还有三个苗家山寨和一个彝族村落，居住着苗、彝等少数民族，民风

古朴，其具有鲜明特色的建筑为秀丽优美的自然景观平添了生机和情趣。当你漫步林间小道时，可听到清脆悦耳的笛声和悠扬的歌声；如果步入村寨，热情好客的苗彝兄弟，即迎你进屋，捧上自家酿制的清香米酒，让你品尝；倘若加入他们赛歌、跳脚的行列，更令人陶醉，难以忘怀。

禄丰五台山这片“春城后花园”，是方圆几百里休闲、度假的最佳去处，是远离城市喧嚣的世外桃源。

彝人古镇

各位游客你们好！

欢迎你们来到楚雄彝州，来到彝人古镇游览。

楚雄彝族自治州位于滇中高原，国土面积2.9万平方公里，是“滇西旅游黄金线”上的门户，具有“一州连三市”（昆明、大理、攀枝花市）的区位优势，是全国30个少数民族自治州中的两个“彝族自治州”之一。总人口为260万，其中彝族人口就有69万，占总人口的26.5%。楚雄由于地理和历史等原因，素来还有“千里彝山”、“滇中门户”和“东方人类的发祥地”的美誉。

现在各位朋友所处的位置是彝人古镇的主干道，叫威楚大道，前面的这个大牌坊是彝人古镇的正大门。它为三进四柱式的结构，高16米，宽31.3米，现在成了云南省乃至西南地区比较大且有特色的一个牌坊。

彝人古镇总用地面积为1740亩，总建筑面积为100万平方米，总投资25亿元。现在我们要参观的是彝人古镇的一、二期旅游景区，占地面积为243亩，建筑面积15万平方米，总投资3.2亿元，已经在2006年底如期运营成功，获得了一致好评，成为楚雄旅游文化的新亮点。彝人古镇主要是集文化、旅游、商贸、住宅为一体，以

彝族民居建筑为主的一个旅游新区，已被州委、州政府列入了楚雄州文化产业建设的十大项目之一。

彝人古镇位于楚雄经济技术开发区，有独特的区位优势，地处楚大与安楚高等级公路交会处，背靠十月太阳历文化园，西邻龙川江，南面为永安大道，具有良好的交通区位优势，交通十分便捷。

彝族是一个勤劳、勇敢，有着悠久历史的民族。彝族文化博大精深，在楚雄州的69万彝族人口中，其支系就多达13个。由于彝族支系众多，使得生活在楚雄的彝族在饮食、文化、服饰、建筑、宗教等方面各具特色、异彩纷呈。但因开发滞后，缺少一个展示平台，致使这么丰富的民族、人文资源，处在中国著名的"滇西黄金旅游线"上而不为游客所认知。

楚雄，原称"威楚"，始于战国时的楚将"庄蹻入滇"，故有"庄蹻通滇赐锡名"之说。据考证，在890年以前，在楚雄西北两里建有德江古城，由于战乱和自然灾害等原因，德江古城已几近消失，为了挽救和保留德江古城这一极具历史和社会价值的民族文化遗产，我们对德江古城的历史文化进行了考证，在南诏、大理国的汉族、白族等民族建筑特色的基础上进行重新修建，传承历史，弘扬本土文化。遵照云南省委、省政府"大力发展文化产业，建设民族文化大省和旅游强省"的战略方针，和楚雄政府提出"打造彝族文化精品，发展彝族文化产业，建设彝族文化名州"的目标，彝人古镇以"一彝三古"的开发理念，在宋大理国高氏相族890年前德江城旧址上兴建，从各个角度充分展示浓郁的彝风彝

俗和以恐龙为代表的古生物，以元谋人为代表的古人类，以春秋时期青铜器为代表的古文化。

酒吧一条街

现在大家所处的位置是彝人古镇的酒吧一条街，类似的酒吧、茶吧等休闲场所在这里都很集中。现在在我们身旁的这条小溪叫做桃花溪，它是彝人古镇东西向的主道，上面共设有六座不同形态的桥，主要展示了楚雄“一彝三古”的独特州情，其中用了假山、青石、水车来点缀，为古镇增添了一道亮丽的风景线。

根据1972—1973年对元谋大墩子、永仁菜园子等遗址的系统发掘，距今4000年前，楚雄州境内各地已先后进入新石器时代。在楚雄万家坝和牟定伏上龙等地出土了铜鼓、编钟、剑、矛等数千件青铜器。中国是世界上拥有铜鼓最多的国家，各类铜鼓中，万家坝铜鼓最早，楚雄被誉为“铜鼓之乡”。众多青铜器的出土说明，最迟在春秋时期，楚雄州境内部分地区的居民，已告别了原始社会，跨到文明社会。“春秋桥”便是对彝州古文化的形象纪念。

彝族是一个能歌善舞的民族，从来就有“会走路就能跳脚，会说话就能唱调子”的说法。现在各位朋友看到的这座桥叫做花溪桥，上面雕刻的图案展示了彝家人能歌善舞的欢乐场景，今天的彝人古镇可谓小桥流水、花木扶疏。朋友们，在彝家有“调子不会唱，找不到对象”的说法。如今彝人古镇的桃花溪已经成为青年男女谈情说爱、对歌的地方了。

自20世纪的考古发掘成果表明，在楚雄州境内，

800 万年至 1200 万年以前，已经活动着与人类有着亲缘关系的禄丰腊玛古猿。170 万年前有了元谋人的活动，他们的活动开创了人类历史的新纪元。建造“腊玛桥”是我们对彝州古人类的形象纪念。

从 1938 年以来，我国的古生物学家先后在楚雄州禄丰县境内发现了 200 多具恐龙化石。这些化石有生活在侏罗纪的弯龙、剑龙，以及生活在白垩纪的霸王龙、蜥脚龙等。“其发掘数量之众，年代跨度之大，种类之多，骨骼之完整，堪称世界之最。”类似的恐龙化石，楚雄州内元谋、武定等地也有发现。为此，楚雄彝州被誉为：“恐龙之乡”。“侏罗桥”是我们对彝州古生物的形象纪念。

梅葛广场

现在各位朋友看到的这个广场叫做梅葛广场，《梅葛》是彝族文化中最古老、最完整、最动人的长篇叙事史诗。《梅葛》长达 5770 行，分为“创世”、“造物”、“婚事和恋歌”、“丧葬”等四大部分，概括了彝族古代历史发展的轮廓，被称为是彝族社会的生活百科全书。“梅葛调”是中华民族的艺术瑰宝。“梅葛”通过口耳传唱，流传至今已有千百年的历史，在彝族文学史上具有不可动摇的特殊地位。

现在我们看到广场上的这根柱子被称为祖先神柱。崇祖尽孝，尊老爱幼是彝族人民的优良传统。祭祖是彝族人民生活中非常重要的一件事情，它表达着“精神灵魂永存，祖先保佑万众”的思想。

祖先神柱上还设置了六祖分支的形象化标志，让人们通过标志了解彝族支系的来历及区域走向。根据彝文史书的记载，远古时期彝族先民的父系氏族从希母遮开始，传到三十一世祖的时候，天降大雨，洪水泛滥。为了躲避洪水灾害，三十一世祖带领大家迁到了高高的乐尼山。在那里，他与3个仙女婚配，生下了6个儿子，这就是传说的“六祖”。后来，三十一世祖感到居住在乐尼山里，山高气寒，不适合耕种，就决定将6个兄弟分为武、乍、糯、恒、布、默6支。每一支组成一个联盟，向外拓土开疆。武、乍两支向西南方向发展，直达今天的滇中、滇西、滇南一带。糯、恒两支向北方发展，进入现在四川凉山和云南昭通一带。布、默两支向东发展，直达现在的云南曲靖、宣威和贵州的毕节水西一带。“六祖分支”以后，找到了充足的土地，各地彝族同胞不断繁衍生息，成为中国少数民族人口较多的民族之一。

围绕在祖先神柱周围的是十兽雕塑，通过代表性的设计展现彝族“十月太阳历”的深邃内涵。彝族，不但有自己的语言、文字，还有自己的历法。设的10个神兽作为雕塑，每“兽”代表一个不同的月份。分别为一月黑虎、二月水獭、三月鳄鱼、四月蟒蛇、五月穿山甲、六月麂子、七月岩羊、八月猿猴、九月黑豹、十月四脚蛇。以三个属相周（36日）为一个月，每轮回30个属相周（360日）为一年，10个月终了，另外5天（或6天）为“过年日”，平年为5天，每隔4年的闰年为6天，这样4年平均为365.25天，与回归年数值非常相近。因此，彝族十月太阳历是非常科学的历法。据研究，彝族十月

太阳历，源自古三皇五帝之首的伏羲，它是原始母系氏族社会羌戎氏族部落的虎图腾的名号，经历了万年以上，并由它的遗裔之一的彝族延续至今。

“梅葛”是说唱远古故事的意思，现在我们看到的照壁就是用代表性图案来展示“梅葛”的内容。

1. 创世篇：远古的时候没有天，我们来造天；远古的时候没有地，我们来造地。传说格兹天神用金果儿子造天，用银果姑娘造地。他们还捉来公鱼、母鱼，把大地的四角撑起来。大地稳定了，又捉来老虎，用虎的四根大骨做撑天的柱子，把天也撑起来了。然后，格兹天神又从天上撒下三把雪，落地变成了三代人。

2. 造物篇：开天难，辟地难，造物同样充满艰辛。彝族先民造房子、造工具、狩猎、畜牧、农事，在造物中人与各种生物相依相融、和睦相处，并且学会了观察天象，把日月和季节分出来，创造了语言、文字、历法。大家看到的这幅画面就是彝族人民心目中的英雄格支阿鲁。传说，在很久以前，有一位美丽的彝家少女正在织布，这时天空飞来一只雄鹰，在少女的裙边上滴了三滴血。后来少女就怀孕了，不久生下一个儿子，取名格支阿鲁。他长得非常强壮，而且本领非凡，英勇善战，他的箭能百发百中，从不虚发。后来，不知从哪一天开始，天上突然出现了 9 个太阳，7 个月亮，火辣辣的太阳把大地快烤焦了，庄稼变成枯叶，世间一片悲惨的景象。格支阿鲁决心为人们做点好事。他登上山峰，张弓搭箭，一口气射下了 8 个太阳和 6 个月亮。剩下的一个太阳和月亮再也不敢出来露面，大地又变成一片黑暗。这时，一只雄鸡站到了山顶，用嘹亮的啼鸣唤醒了太阳和月亮，大地又呈现一片光明。人们从此又过上了幸福美满的生活。

3. 恋歌、婚事篇：这几幅与彝族人们恋爱、结婚相关的图案表现了彝族人民相配、说亲、抢棚、撒种、吹芦笙、安家、婚恋的欢快生活婚俗场景，彝家儿女大胆、粗犷、豪放的性格。彝族青年男女的婚恋是很特别的，大都恋爱自由，男女青年结合，一般均有相识、恋爱、说媒、定亲、迎亲、回门几个程序。

彝家姑娘长大成人后，就不再与父母同住了，而是搬到“姑娘房”集体共宿，“姑娘房”是提供彝族青年自由恋爱的房子，也是青年男女进一步交心、了解、加深感情的恋爱场所，恋爱中的青年男女双方情感热烈但不轻浮，谈情说爱但行为十分稳重。经过一番相识、相知后，双方情投意合就可以结婚了。

彝族还盛行“抢婚”，这是反映彝家古代的抢婚习俗，因为妇女是在过去的战争中抢来的，今天的“抢婚”并不是真抢，一般由男女双方事先约好日子，男方家的迎亲队伍到女方家之后，女方家要准备好锅底、棍棒、凉水等突然袭击男方家的迎亲队伍，彝族人认为凉水能驱恶除邪，带来幸福，称为“泼喜水”。姑娘出门时，要唱“哭嫁歌”表达对父母的不舍与留恋。彝家姑娘出嫁时不骑马、不坐车、也不走路，而是要让伴郎把她背到婆家去，这就是所谓的“背新娘”了。按照彝家的风俗，姑娘出嫁时双脚不得沾土，否则会对将来子嗣不利。新娘进门后到正房拜谒家堂祖灵，由毕摩念进亲经，由老人敲水鼓祝福，新郎、新娘入洞房前，还要互相争夺抢

先，据说谁先抢到挨着枕头的位置，就预示着今后谁当家。新郎新娘还要喝交杯酒。喜宴一般都在青棚下举行，客人在青棚中青松毛上席地而坐，边喝酒边唱酒歌，入夜还在场院中点燃篝火，青年男女对歌、跳脚，通宵达旦。第二天新娘在新郎和送亲人员陪同下回到娘家，称为“回门”。整个婚礼才算结束。

4. 丧葬篇：彝族盛行火葬，明末以后，受汉族和其他民族的影响才开始实行土葬，凉山地区的彝族还盛行火葬。彝族认为人是由虎变来的，火化是为由人变虎做准备的。火化时还要请毕摩念“指路经”，即指向祖先生活过的地方。

浮雕以朴实的手法表达了对亲人逝去的伤心与怀念。

水源广场

大家知道彝族是一个崇拜“火”的民族，其实，彝族还是一个酷爱“水”的民族。彝家祖辈居住在大山之上，自古就有“山有多高，水有多高”的说法，说明山离不开水，水离不开山，彝族人民与“水”有深厚的感情。“三眼井”的传说讲的是古代彝族人民在用水时从上游开始依次有三眼井或三个水塘，从上至下分别为饮用水、淘米洗菜水、洗衣洗杂物水。这种用水习惯不但表现了彝族人民节水、惜水的生活习俗，也透视了彝族人民良好的生活习惯。由于彝族居住的地区地理环境和自然条件复杂，动植物资源极为丰富，彝族人民就凭借这些丰富的资源，用勤劳的智慧，创造着美好的生活。彝族人日常主要以大米、玉米为主食，以荞麦、小麦为辅

加工成饼、面条或粑粑食用，在配以一年四季的新鲜蔬菜，品种十分丰富。古镇的水源广场，不但景观布局优美，还有良好的水文化展示，从水源广场的设计，表现了彝人的生活习俗。

除此以外，在水源广场上还有一个特别的地方，请大家猜猜这棵是什么树？对了，这棵是金桂花，它可不是一般的桂花树！大家都知道彝族的传统节日非常多，其中要数双柏县碍嘉的“情人节”尤为出名。在节日这天，彝族青年男女都会穿上节日的盛装，来到山顶上的桂花树下，载歌载舞，通宵达旦。“桂花飘香幸福来”，小伙子们就趁机挑选自己的意中人。桂花树下，情歌声声，一对对恋人沉浸在喜悦和甜蜜的气氛之中。所以，桂花树成了彝族青年男女心目中的“爱情之树”，如果小伙子看上了某位姑娘的话，就会偷偷地到桂花树下许愿，那他就可以和姑娘喜结连理，桂花树由此成了彝家儿女幸福的象征。因此，我们就从双柏碍嘉移植了一棵金桂花在水源广场，朋友们可以在桂花树下许愿，你们也就可以美梦成真了！

彝人古镇大酒店及古镇建筑

彝人古镇大酒店。它是仿照彝族高规格民居建筑的一座四星级酒店。内部装修全部采用了欧洲风格，并安装了中央空调和四台客用电梯，形成了中西合璧，传统与现代完美结合的建筑特色。大堂宽敞明亮，按照国际化标准进行配置，酒店还设有可供 150 人召开的各种会议的多功能会议厅和大小会议室四个，会议厅内配备了

音响、电视、投影仪、宽带网插口及电源插口、DJ 控制室等会议配套设施同时配备了可供 200 人同时就餐的餐厅。彝人古镇大酒店拥有各种类型客房 156 间，功能齐全，房内配备了中央空调，电视、电话、电冰箱、宽带网、广播音响、迷你吧、衣柜、消防设备等，卫生间内还特设了吹风机、镜子、充电插座，全部采用四星级标准要求的洁具，使客人尽享温馨、舒适、豪华、安全。酒店全部配备了方便易行的感应磁卡门锁和安全防盗设施。酒店为了满足客人在住店期间的娱乐、健身要求，还设立了桑拿按摩、棋牌室、KTV 包房、健身房、咖啡吧、小型商场等健身、休闲及购物场所。酒店周围还有许多客栈，游客到了古镇以后对不同住宿的需求都能得到满足。

建筑特点：来到彝人古镇参观，除了它的文化品质不同于其他民族之外，古镇内的建筑也是一大特色。请大家看一下，古镇数百幢房子中没有两幢房子的建筑风格完全相同。彝人古镇在建筑风格上延续了宋代大理德江城的风貌，并汇集了云、贵、川及广西四省区的彝族高档民居样式，融入了时代风采，同时，又博采大理古城、丽江古城、江南水乡等园林景观精华，展现彝族和汉、白、傣、纳西等民族的建筑文化。可以这么说，任何一个地方，任何一个朝代的建筑，都只能局限于当时和当地的某种风格与造型。但是彝人古镇不受时代和地域的限制，博采众长的同时，也集中了不同民族的精华，它是在继承民族传统的基础上发展与创新，是集中国民居建筑之大成。彝人古镇在设计上错落有致，但几乎全是三层楼房，以大大小小的四

合院组成大的围合。四合院的民居建筑，突出了中国传统文化内向聚集的典型特征。体现了中国上下有序，父慈子孝，团结一致的传统观念。

封火墙。现在我们看到高出屋顶的墙面叫封火墙。在古代封火墙是建于两户人家之间的一堵高墙，它的作用主要是为了防火，到了现代，我们有了更先进科学的防火灭火器材，“封火墙”已经失去了真正的意义。但是彝人古镇的民居延续古代的封火墙，是为了让大家领略彝家建筑中的韵味。其造型优美，同时又具有装饰的作用。

歇山顶式建筑。我们现在看到的这幢飞檐翘角的建筑就是歇山顶式建筑，歇山式建筑是在东汉时期出现的。在古代，只有五品以上的官员（地厅级）的住宅才能用歇山顶式建筑。彝族，是一个与时俱进的民族，随着社会的进步发展，彝族也不断地吸收外来文化，在现代社会中，也在享受着现代文明所带来的繁华。在建筑当中，也逐渐使用了这种风格的建筑样式。

悬山式建筑。这一幢屋顶挑出山墙的就是悬山式建筑，它是比较普通的屋顶形式，一般多用于民居，这种建筑主要是起到了挡雨的作用。在古代，六品以下的官吏和平民的住宅用的就是这种建筑。在现代社会，没有了等级观念以后，彝人古镇建造这样的样式，主要也是让游客看到古建筑当中的一种风格。

咪依噜广场

相传从前在大姚昙华山有一个美丽善良的姑娘，名叫咪依噜，有一天在放羊的时候遇见了一个淳朴英

俊的朝列若，两人就相恋了。那时，昙华山上有个极其残暴的土官，他在高上顶山盖了座“天仙园”，说请了仙女下凡来教人们绣花织布，要老百姓把他们的姑娘送进“天仙园”受教，实际上那些被送去的姑娘都被土官糟蹋了。咪依噜识破了土官的阴谋，她决心为民除害，她摘了一朵含有剧毒的白花戴在头上，来到土官府拜见土官并一起喝了泡有白花的毒酒，随即毒性发作，咪依噜便和土官同归于尽了。朝列若打猎回来见咪依噜已死，伤心至极，哭干了眼泪，流出了鲜血，鲜血把满山遍野的白色马缨花都染红了。从此以后，昙华山上便有了血一般红的马缨花。马缨花的彝语名字从此便叫做“咪依噜”。这个古老的传说表现了彝族人民勇敢、机智、不畏强暴的精神。

德运广场

德运广场是因德运石的传说而取名。关于德运石，首先，来源于彝族对石头的崇拜。楚雄历史上有着“三块姊妹石”的传说故事，而其中的一块就是紫溪摩崖的“护法明公德运碑”，现在是云南省重点文物保护单位。“德运石”与“德运碑”一脉相承。高氏是（唐）南诏国的名门望族，国相高量成生活在北宋与南宋间，即云南为地方民族政权——大理国时期。当时，大理国段氏政权篡变迭起，国号屡改。35 年间，相继出现长和国、天兴国和义宁国。通海节度使段思平与善巨（今永胜）的太守高方密谋，借三十七部蛮的部队讨伐杨干贞。杨干贞败走后，段思平自立为大理国王，封高方为岳侯。

自此，高家世代为大理国的公侯。正如金庸小说《天龙八部》所云："有七位皇帝避位为僧"，实际多是因政治斗争而被废出家，到宋元祐九年（1094 年），在高氏家族的权势达到顶峰的时候，段氏皇族把权位让给了高氏相族，封给他威楚府，也就是今天的楚雄，建有"德江城"。高氏相族在 47 年后还位于段氏。又因高量成平定滇东三十七部叛乱有功，敕号"护法公"，也号称"中国公"。他继任大理国相国，掌相印 9 年，后让位于其侄，回到父亲的威楚封地。人们为了感念他的道德人品，把他尊为"山中宰相，彝中君子"，把他所建的城叫做"德江城"。"德"，即为道德。强调道德就是崇高良好的人格品质，是一种高层次的文化。更重要的是通过德运广场的"德运石"向游人诉说古镇的建设依据和历史依据，即从德江古城到彝人古镇的历史变迁和世事沧桑。

古戏台

过去古村镇的四方街或庙宇前，都有节日、庙会唱戏的地方叫做"古戏台"，现为"彝禧园"，已成为人们休闲娱乐的场所。舞台为古式中堂，台口红柱上悬挂有："彝常演文，礼乐宏模新景运；人时习武，弦歌雅化庆升平"的对联。设置的大火盆喷出熊熊火焰，两只铜制的巨大煮羊汤锅与烤茶发出的阵阵诱鼻的香味。古戏台前铺满青松毛的回廊，摆着一张张古色古香的桌凳，道出了这是一处非同一般的场所。

这里每天由古镇艺术团展演彝家的婚宴，备有彝族的羊汤锅、三道酒、毕摩特技、原生态歌舞、茶文化、

彝族服饰展、民间工艺的展示。彝家生活中离不开火、酒、歌、舞。在彝州流传着这样一句话："生活离不开火，彝家人离不开跳脚。"酒，也是彝族生活中必不可少的。彝族人民都以酒待客，用酒来表达对客人的热情、豪爽、仗义。"三道酒"是彝族人民接待贵客的礼节。

第一道酒为"迎宾酒"，又称做"拦门酒"，就是彝家人在门口，吹响长号，弹起月琴、敲锣打鼓、载歌载舞，欢唱"迎客调"迎接客人。客人一到，就由盛装的彝家姑娘献上一杯美酒，如果酒杯内放有树叶，则表明客人要回唱一首酒歌。

第二道酒为"祝福酒"。在宴席上由彝家姑娘、小伙向尊敬的客人敬上双杯美酒，献上祝酒歌，表达彝家人民的热情与好客。

第三道酒为"留客酒"。在客人要离开时，彝家人把客人送到门口，唱起送行歌请客人喝下最后一杯酒，客人必须把这杯酒喝掉，才能启程。

到古戏台我们还将看到彝族的原生态歌舞"三笙"(即老虎笙、大锣笙、小豹子笙)。现在我们看的是"老虎笙"。它是流行于双柏小麦冲地区的一种原始祭祀舞蹈，表现彝族生产和生活场面。每年农历正月初八到十五这段日子，双柏小麦冲地区的彝族都要由成年男子装扮成虎态，用红、黄、黑、白等颜色将脸画成虎面，手脚画上虎纹，再穿上用羊皮毡制成的虎衣进行表演，很像汉族的"狮子舞"，表现彝族的生活幸福、欢乐喜悦的心情。"老虎笙"带有浓厚神秘色彩有"虎神驱邪"，表现一只只活生生的小老虎驮着神灵走村串寨为各家各户驱鬼除疫，带来吉祥。整套舞蹈古朴、神秘，使你仿佛置身于彝族远古时代。“老虎笙”浓缩了彝族倮倮人生产、生活的内容，是彝族虎图腾的典型表现。

毕摩特技表演更是独出心裁，使你惊心动魄，这里看到的为“踏犁头”与“喷火焰”。

火塘会

在彝州最隆重的节日要数“火把节”了，彝族崇拜火，这是人所共知的习俗。火塘会是提供群众歌咏、打跳的场所。在以前“火把节”每年只过一次，但在彝人古镇建好以后，每天晚上都过“火把节”。天上有一个太阳，地上有一个火塘，火塘是最显彝家豪情的地方。彝族是个“尚黑尊左”的民族，所以每家都把火塘放在堂屋左边最显要的位置，煮饭、取暖、议家里大小事都离不开它，火塘里的火种长年不熄灭代表家族能繁衍昌盛。

望江楼

我们现在看到的这个塔状八角攒尖顶式的建筑，就是“望江楼”。据考证，（宋）大理国时国相高量成在龙川江畔的德江城内曾建有“望江楼”。彝人古镇重建望江楼，使它成为彝人古镇的标志性建筑，也将是楚雄文人荟萃的所在，是彝州的文化艺术馆。为了让游客朋友更深层地了解彝族文化，望江楼将成为集中展示彝族生产、生活、工作的原生态的展览馆，实际上也就是一座文化楼。登高望远，吊古抒怀，登上“望江楼”，楚雄风貌、龙川田野、

彝人古镇可以尽收眼底，可缅怀威楚与德江的胜迹。

现在大家看到的这尊石刻是毕摩塑像，“毕摩”是彝语的音译，他们是彝族社会中的知识分子，精通彝文和经书，是享有崇高社会地位的文化人，他们都是男性，像汉族的巫师。毕摩受到广大彝族群众的尊重，彝族群众认为：毕摩能够给人祛病免灾，避祸降福。彝族谚语说“与其和主子同村，享受微薄恩惠；不如与毕摩同邻，接受神灵保护”。因此，彝家人无论举行安灵、送灵，祭祀等大型宗教仪式；还是算命、占卜等一般的法事活动都找毕摩，毕摩是彝族社会中不可缺少的能通鬼神的人。在现实生活中，彝族群众邀请毕摩主持的法事活动也很多，比如招魂、算命等等。

李贽，明朝著名思想家、哲学家。福建晋江人，明万历五年（1577 年）出任姚安知府，在职三年，治政有方，体察民情。其施政的指导思想是“一切从实际出发，因地制宜”。为少数民族地区的发展办了许多好事，深受当地人民的爱戴。于是，建造了“李贽桥”，就是为了怀念为彝州建设作出贡献的李贽，以启迪后人为新时期的建设作出更大的贡献。

在彝族古老的传说中，宇宙形成于虎。虎是彝族的图腾崇拜。彝族认为整个地球都是由老虎的全身变成的，他们对虎有着深厚的感情，黑虎桥因此而得名。所以，生于大山，长于大山的彝族人民也造就了如虎一般奋发图强、勇往直前的性格。

中国彝族十月太阳历文化园

各位朋友，大家好！

今天我们将要去的地方是楚雄标志性的景点——中国彝族十月太阳历文化园。

中国彝族十月太阳历文化园，位于三迤名城楚雄市郊，占地500余亩。是一个以十月太阳为主要标志而兴建的集民族文化研究、民族艺术交流、民族风情展演、大众休闲娱乐、商业营销服务为一体的具有鲜明彝族文化特色的旅游景点。

世界历法发展到今天，大致可划分为太阳历、太阴历和阴阳历三大类。太阳历是根据太阳运动的周期来定年岁季节的。

彝族十月太阳历的使用年代在秦末汉初，源于夏代以前的西羌文明，它将一年分成10个月，每月分为36天整，不分大月小月，过完10个月后剩余的5到6天，称为“过年日”。“过年日”放在岁尾，过完这几天后新的一年就开始了。通常的“过年日”是5天，每到第4年闰年时的“过年日”为6天。用这样的历法，每月的天数稳定为36天，通常年是365日，逢闰年是366天，4年平均，每年的天数是365.25天，既方便记忆，又与回归数值有相当高的重合度。这在古代完全算得上科学、实用了，这就是彝族十月太阳历的来历。

中国彝族十月太阳历文化园以独特的人文景观，清新、自然、宜人的生态环境，被列入云南省五条精品旅游线路的重要旅游景点。园内有独具特色的彝族民居建筑、山水园林景观、奇异的彝族民俗风情展演，以及反映彝族文化博大精深的展览陈列，以彝族创始史诗、英雄神化为题材创作的巨型浮雕群。这一具有鲜明的彝族文化特色主题的旅游景点，堪称一绝，不失为全国独一无二的彝族文化大观园和动态博物馆。

彝族虎图腾的典型表现

彝族虎图腾的典型表现是“老虎笙”，它是流行于楚雄双柏小麦冲地区的一种原始的祭祀舞蹈，表现彝族的生产、生活和繁衍后代的场面。每年农历正月初八到十五这段日子，双柏小麦冲地区的彝族都要由成年的男子装扮成虎态，用红、黑、黄、白等色将脸画成虎面，手脚画上虎纹，再穿上用羊皮黑毡制成的虎衣进行表演，很像汉族的“狮子舞”，表现彝族生活幸福，欢乐喜悦的心情。“老虎笙”的高潮是带有浓厚神秘色彩的“虎神驱邪”，表现为一只只老虎驮着神灵走村串寨为各家各户驱鬼除疫。整套舞蹈古朴而神秘，使你仿佛置身于彝族的远古时代。“老虎笙”浓缩了彝族倮倮人生产、生活的内容，是彝族虎图腾遗迹的典型表现。

迎宾主景

这里是迎宾广场，各位看到的这座照壁，整体是一只雄鹰展翅的造型。迎宾主景主要有葫芦女神、避山虎、照壁主浮雕“彝山欢歌”。

避山虎：驱邪辟鬼之神，多数供于房顶，故也称“瓦猫”。彝族地区，几乎每家的房顶瓦檐上都有，有的是用石头雕的，有的是用泥土烧的，还有的是用木头刻的。每当新房建好要迁入时，就要选一个良辰吉日，请毕摩跳神念经。这样，避山虎日后才会保护屋檐下的人幸福安康。

葫芦女神：它带有浓重的母性生殖崇拜色彩，而且反映了彝族图腾观念的产生和葫芦生殖崇拜的渊源。

“彝山欢歌”：集中表现了不同的地区，不同的支系中的彝族服饰、舞蹈、节日等欢乐的场面，有楚雄的“左脚舞”、“三跺脚”，红河的“阿细跳月”、“烟盒舞”，以及“背新娘”、“斗牛”、“摔跤”、“插花节”、“三月会”、“赛装节”等等。

十月太阳历广场

大家请看，这就是十月太阳历广场，广场呈圆形，分三台，呈彝族向天坟状，上台代表天、中台代表人、下台代表地，每台五个出口，共占地5220.4平方米。上台直径36米，台高4.2米；中台直径54米，台高5.7米；下台直径72米，台高8.4米。在全部三台的立面上共有大小浮雕40幅，主要讲述了三女找太阳的彝族民间故事。全部浮雕中共有各种各样的人物7275人，动物1858只。

大家可能认为广场是模仿天坛设计的吧，其实不然，它是依照彝族先民祭天坛造型而设计的。

祭天坛

祭天坛是彝族先民观测太阳转动以定冬夏，查看星座斗柄指向以定寒暑、分四季、明节令的观象台或天文台。

它的结构多数是三圆台金字塔形，只不过这里将它放大了许多倍。它反映了十月太阳历精确的纪年、月、日的方法，还以北斗星斗柄的指向来定节令。当北斗星的斗柄指下时是大寒日，指上时是大暑日，所有这些观测活动，都由毕摩主持，当北斗星柄向上指时，我们的彝族同胞就要过火把节了。通过测量太阳运动的时间来定年、月，观察星斗的方位来定节令的方法，使彝族十月太阳历法具有结构科学、形式简明、使用方便的优点。这样一种优秀的历法产生于我们华夏大地，不仅是彝族人民的骄傲，也是整个中华民族的光荣。它是中华民族五千年灿烂文化的组成部分，是祖先留给我们的宝贵文化遗产。

彝族十生肖

现在让我们来看一下广场周围的这些石雕，它们是彝族生肖的雕像。与十月太阳历相对应，彝族古代是以十生肖来记日的，这与汉族的十二生肖在数目上有所不同，在生肖物及排位上也有区别。汉族十二生肖是：鼠、牛、虎、兔、龙、蛇、马、羊、猴、鸡、狗、猪。这里面有许多是家禽，可彝族十生肖却要威猛一些。它不以鼠为首，而以虎开头，分别是一月黑虎、二月水獭、三月鳄鱼、四月蟒蛇、五月穿山甲、六月麂子、七月岩羊、八月猿猴、九月黑豹和十月四脚蛇。

这十个生肖从虎年虎月虎日起算，以虎为大，沿正东方开始逆时针方向顺圆坛排列。彝族十月太阳历中每两个月为一季，一年分五季；广场用楼梯将圆坛围成五个部分，每个部分由两个生肖占据。因此，民间又将十月太阳历叫做十兽历。

楚雄彝族自治州博物馆

各位朋友，大家好！

现在我们要去的地方是楚雄彝族自治州博物馆。大家知道“博物馆”是搜集、保管、研究、陈列、展览有关革命、历史、文化、艺术、自然科学技术方面的文物标本的机构。今天我们将借这一方天地，饱览楚雄州的历史和文化。

楚雄彝族自治州博物馆位于州府鹿城南端，是“八五”期间云南省兴建的三大博物馆之一，也是目前全国少数民族自治州最大的综合性博物馆，是国家 AAA 级旅游景区。博物馆于 1993 年 6 月破土动工，1995 年 7 月 21 日楚雄彝族火把节期间建成开馆。其设计和建筑充分利用山坡地形的高差，依山就势布局，将彝族民居土掌房、垛木房与现代大屋顶等建筑风格相融合，使建筑既突出浓郁的地方民族特色，又体现出现代建筑的宏伟气势。

楚雄州博物馆占地 60 余亩，总建筑面积 11200 平方米，平面布局为六方形。其中展厅面积 7000 余平方米。馆内绿草如茵、花木繁茂，开设有序厅、古生物厅、历史文物厅、民族厅、中共楚雄州地方党史厅、书画厅、动植物标本厅、洞经音乐演奏厅等 8 个展厅 12 个展室，展出各类文物 8400 余件。

序厅以形象、生动的沙盘模型，电子控制立体显示楚雄彝族自治州的地形、地貌、行政区划分布、交通网络、人口、民族、自然资源、民族文化精华及党和国家重要领导人在楚雄的活动情况等。

古生物厅分恐龙世界、海洋生物、陆生动物、禄丰古猿、元谋古猿5个单元，以图、文字、化石标本三位一体的形式，向人们介绍地球上从生命起源的“三叶虫”到古猿的漫长历史演化过程。展出了距今800万年前的禄丰腊玛古猿化石，400万年前的元谋蝴蝶腊玛古猿化石。这些古生物化石证明楚雄是人类发祥地之一。

历史文物厅分为旧石器时代文物、新石器时代文物、青铜器时代文物和元明时代文物4个单元，展出有距今约170万年前的“元谋人”牙齿化石及旧石器时代实物，有新石器时代出土的各种实物及石棺墓复原，还有青铜时代的楚雄万家坝铜鼓等文物。

民族厅是博物馆内最大的展厅，共设4个展室，侧重展出反映彝族的生产、生活、风俗等实物，展出州内外近百套各个彝族支系不同的服饰和数百件彝族手工刺绣品，以及彝族虎图腾、毕摩文化和彝族先民古老文化的结晶——“十月太阳历”等。

中共楚雄地方党史厅展出了大革命时期楚雄籍的优秀共产党人赵祚传、姚宗贤、毕昌杰、张舫等人早期从事革命活动的事迹；中国工农红军长征过楚雄的光辉业绩；解放战争时期的文史资料等。

书画厅收藏并展出国内有一定造诣的书法、绘画、剪纸等艺术作品，有100余幅，其中有数十件为彝文书法作品。还有郭沫若、班禅大师等人的墨宝真迹。

动植物标本厅分种子植物、陆生脊椎动物、自然保护区、淡水鱼类、森林昆虫 5 个单元，通过对众多的动植物标本的观察，能使人们对彝州丰富的动植物资源有一个大概的了解。

每个周日，楚雄州洞经音乐研究会和博物馆联合举办洞经音乐演奏会，邀请民间艺人、洞经音乐爱好者演奏洞经古典乐曲，使观众能体会到其优雅的音乐魅力。

福塔文化园

楚雄福塔位于云南省楚雄彝族自治州首府楚雄市鹿城东山之巅。由楚雄州政协倡议、社会捐资，在明代古塔遗址上重建。2003 年 3 月开工，2004 年 10 月完工。塔为八角九层楼阁外廊式建筑，高 59 米。是中国第一座以彩画、木雕、石刻、铜铸艺术来展示中华福文化深厚内涵的景观古塔。

楚雄福塔广集福之内涵，一层外壁是红岩雕刻的青龙、白虎、朱雀、玄武四灵图案和唐太宗、宋徽宗、清高宗、清宣宗手书福字。塔内每层展示福的一个主题，一层财源茂盛、二层事业兴旺、三层学绩长进、四层家庭和睦、五层子孙成才、六层平安吉祥、七层从善积德、八层健康永驻、九层延年益寿。一层大厅置放一枚由两个青铜送财童子扶托，直径 3. 66 米，重 3. 6 吨，中国最大的铜铸古钱币“万福通宝”。墙面镶有墨玉大理石雕刻鎏金孙中山、毛泽东、周恩来、刘少奇、朱德、邓小平手书福字。二至八层各立一尊不同形态铜铸乐施弥勒，九层悬挂高 1. 48 米，重 1. 2 吨百福铜钟。每层的斗拱、梁柱、藻井彩绘各种福吉祥图案。一层有四道刻有双圆福字的铜门，二至九层均有椴木雕刻福字及图案的门窗。塔外有三层青石浮雕凭栏，凭栏上有 108 块福雕图案。

塔内外，各体福字和各种福图案不胜枚举。塔内每层高挂数盏木雕福字宫灯。塔外飞阁安装现代灯光，夜幕降临，流光溢彩，夺目苍穹。

福塔正南是一块500平方米的红岩石广场，广场分两层，17级青石围栏台阶下，立有塔碑，碑座高1.5米，四方为各7米长的石雕凭栏，碑座上矗立6.9米高的青石福碑，正面镌刻毛泽东手书福字，背面是楚雄福塔记。塔的东面是古典四合院“福苑”。碑的南面是由青龙河拾级而上的福道，数百米福道立有三道高10余米的青石“福门”牌坊。

上东山，行福道，进福门，览福苑，观福碑，入福塔。登塔赏景，秀美鹿城尽收眼底，入塔品福，千姿福韵尽现眼前。人在塔中，福在心中，心旷神怡，各得其所。

紫溪山旅游景区

各位游客，聆听着松涛声声和百鸟的鸣唱，我们来到了云南省最大的天然森林公园——紫溪山旅游景区。楚雄紫溪山以地质地貌、自然遗迹、自然风光为主体，民族文化、民族风情、古园林建筑为陪衬，是一个融自然和人文景观为一体，大容量、多功能的风景名胜区。地处滇西北风景旅游区的走廊地带，在新建的昆（明）—大（理）高速公路和广（通）—大（理）铁路沿线，距昆明较近，四季鲜花盛开，古木森森，特别是春节前后，漫山遍野都是山茶花、马缨花和不知名的野花，游人来到这里，仿佛进入一个天然大花园，令人流连忘返。

紫溪山位于楚雄市西南，距市区 13 公里，1994 年建立省级自然保护区。风景区总面积 1.6 万公顷，景区内森林覆盖率达 96%，主峰海拔 2500 米，是云南省最大的天然森林公园。由于受亚热带季风气候影响，形成了亚热带山地温凉湿润型气候，年平均气温 12.1℃ ~14.9℃，干湿季交替分明，雨量充沛。楚雄紫溪山以万松岭为中心向四周辐射，景区内峰峦起伏、森林茂密、古木苍天。保护区内生长着以滇石栎、包石栎、滇青冈栎为主要林木的半湿润常绿阔叶林和云南松林，是楚雄市的重要水源林区。自然保护区内有高等植物65个科，202种。其中药用植物49科，76种；珍稀植物有百年生云南茶花28株，以及零星分布的滇藏木莲、三尖杉、香果树、银杏、桂花、白玉兰、香樟、木姜子、云南含笑及杜鹃等，还盛产松茸、鸡纵等名贵食用菌。在莽莽丛林中，奔跑着许多野生动物，动物的种类至少有107种，其中列为国家一级保护动物的有黑颈长尾雉、绿孔雀，列为二级保护动物的有白鹇、小熊猫、蟒蛇等。楚雄紫溪山自然保护区是一个令人神往的植物王国和鸟兽聚居的世外桃源。

古寺名刹

历史上楚雄紫溪山曾一度是滇中著名佛教圣地，山间古刹林立，历代都有一些名士高僧在此修行。民间有“六十六座林，七十七座庵，八十八座寺”的传闻。“钟动方知寺，泉飞不见溪”，道出了当年深山密林之中，掩藏着座座古寺的幽静环境。这些古刹大部分毁于清朝后期的兵患火焚。近几年，有关部门已修复了紫顶寺，建造了望海楼、万松林山庄等。紫溪山风景区由茶花园、万松林、紫顶寺、功德林、板凳山民族风情区等组成。

穿越茂密的松林，隐现在我们眼前的是巍巍壮观的紫顶寺。紫顶寺景点主要有古刹新貌、古树名花、金顶观日、千年银杏等。

紫顶寺位于紫溪山紫金顶，紫顶寺始建于宋代，元代重修，到了明万历二十三年（1595年），来自山西的高僧祖复重修紫顶寺。因为紫溪山在明清两代是滇中佛教圣地，山上梵刹寺宇众多，而紫顶寺就是其中规模较

大的一座。紫顶寺景点位于紫溪山主峰周围，包括原紫顶寺、炼磨堂、云台庵、小华庵、紫溪庵、寂光寺、福星庵、等雨庵、朝阳庵、法云寺、普贤寺、法藏寺、古德林等寺院遗址；宋代银杏，元代木莲、茶花，明代玉兰和沩仰宗、临洛宗僧塔墓、云龙大箐原始森林等景观。紫溪山曾为佛教圣地，众多的寺庙栽种着许多古树名卉。虽然经历几百年的风雨沧桑，寺倒僧散，但那些枝繁叶茂的古茶花、银杏、滇藏木兰、玉兰、孔雀杉等奇花异树依然风姿绰约，成为今天众多旅游者寻觅的焦点。紫金顶是紫溪山观看日出的极好场所。这里地势高耸，视野开阔，两侧树荫茂密，每当日出之际，遥望旭日冉冉升起，满天霞光，四周层林尽染，气象万千。

功德林

功德林位于紫溪山主峰之南。区内有百年以上古茶花树 12 株；石笏居两岔箐原始森林茂密，生长着富士茶、云南山茶、毛果山茶、三尖杉等，是云南山茶原生种源的理想保护区；树龄最古老，一树开两花的童子面茶花母树已经被人为毁坏死了。苦竹林曾是曹洞宗最大的寺院，现在尚存活 4 株古茶花。

板凳山民族风情区

板凳山民族风情区主要以彝族古朴的民俗风情为主。板凳山是距紫溪山 10 多公里处的一座山，位于平掌、岔河两个彝族村落之间。山上彝族村寨星罗棋布，彝族歌舞随处可闻、可见。从紫溪山前往板凳山的途中，马缨花树连绵交织，每当开花季节，竞相吐艳，因此，板凳山是彝族喜爱的植物——马缨花最集中、最便观赏的地方。板凳山是楚雄市彝族传统节日“马缨花节”的主要活动地点。每年农历二月初八，板凳山的马缨花开得火红如云，届时，人们把火红的马缨花采插在牛羊厩栏上，傍晚吆牲口回来时，牛羊头角上也戴马缨花。这天晚上要给牲口叫魂，祈求六畜免遭疾病，反映了当地的民族风情。

万松林

正东方的那片山谷，是紫溪山最大的一片阔叶林和针阔混交林，属原始森林，也是紫溪山野生动物最为集中的地带。万松林海拔 2469 米，为紫溪山第二高峰，马缨花成片、成簇，峰顶建有“望海楼”，登高可望楚雄全景。文殊阁四周绿荫覆盖，每当开花之际，盛开的杜鹃花红白相间，如锦如霞，在青山绿树的衬映下，显得格外美丽动人。紫溪山既是一个天然植物园，又是一个天然的动物园，其中最为吸引人的动物是绿孔雀，孔雀是吉祥动物，云南世有“孔雀之乡”的美称。紫溪山 260 平方米的孔雀馆内一群群昂首啼鸣、展翅飞舞的孔雀，让人感到格外兴奋。

杜鹃山包括万松岭、砚台山、清静林三山；砚池、龙潭坝、紫溪三池，总面积约 1.3 平方公里。森林茂密，有杜鹃花生长的良好环境，有马缨花、杜鹃、大白杜鹃、炮仗杜鹃、碎米杜鹃、映山红等十余种品种，精品花木种植于清静林内。

德运碑摩崖

唐碑好找，宋碑难觅。德运碑在清代被金石家王昶（读“场”音）收入《金石料编》现属云南省省文物保护单位并列入国家二类保护文物，是目前研究大理国历史唯一的一块宋碑，是我们珍贵的文化遗产。紫溪山最有文物价值的是“护法明公德运碑”摩崖石刻。石刻为宋代大理国遗物，山僻路遥，少有人到。刻字处高约2米，宽1.6米。碑文25行，每行46字，左行楷书。这块碑于南宋绍兴二十八年（1158年），刻成碑文的主要内容是歌颂大理国相高量成的功绩，有重要的历史价值，现仍基本完好。

碑文为赞颂大理国相高量成而作，高氏在大理国中占有重要地位。高量成的曾祖高升泰，初为鄯阐侯，于宋哲宗甲戌年（1094年），取大理国王而代之，号“大中国”。高量成祖父高泰明，还政于段氏，但大权在握。“高氏相之，政令皆出其门，国人称为高国主，段氏拥虚位而已。”当时大理国较为富庶的八府四郡，都分封高氏子孙世袭，而高量成的父亲高明量就分封在威楚（楚雄），称政国公；其叔高明清封鄯阐（昆明），称平国公。

这一时期，大理国三十七部反叛。1111年，高泰明出兵讨伐；1119年，复叛，攻陷鄯阐，高明清战死。高量成起兵讨平，继承相位，敕号护法公。碑文中说“四夷八蛮，叛逆中国”，“公领义兵，率乡勇，开拓乾坤，安州府于离乱之后”，正是指此而言。大理国后期，虽是段氏称王，但实际上，多为高氏天下。高泰明称为“高国主”，高量成为相，号“中国公”，此摩崖刻石反复出现“中国”、“中国公”，皆来源于曾建立的“大中国”。身为大理国相，四五代之后，仍然呼“大中国”，其气焰可想而知。高量成在段和誉当政时，曾为国相九年，后让位给他的侄儿高贞寿，自己退居楚雄养老。抚恤孤寡老幼，屡会八方群夷，人称其德，称他居住的地方为“德江城”。据隆庆《楚雄府志》记载：在紫溪山“德江城，在府城西北隅二里”。为威楚“外城”。高量成在紫溪山建立的宫室，被人们称为“山中宰相府”，应在此摩崖石刻附近。

“护法明公德运碑”称“戊寅护法明公德运碑赞”（戊寅，当为宋高宗绍兴二十八年，公元1158年）。如果是这样的话，至今已近830年。史籍记载高量成的事迹仅寥寥数语，而碑文丰富详细，可补史阙。此外，紫溪山还有两块古碑，一是明崇祯壬午年（1642年）钦差镇守云南总兵官征南将军太子太保黔国公沐英所题的《云台庵碑记》，现今文字清晰完整。二是清乾隆四十六年（1781年）所立的封山碑《鹿城西紫溪封山获持龙泉碑序》，是当时紫溪山十七座寺院的僧侣和大紫溪、九族河、木兰村等八个村寨民众共同订立的保护紫溪山森林、维护龙箐水源的山规民约。

茶花园

茶花是中国庭园观赏花卉中的珍贵树种。云南茶花为云南八大名花之一，其花大形美，色彩鲜艳，品种繁多。在中国已有1300多年的栽种历史。紫溪山是云南山茶的种源地之一，山中有大量的野山茶。紫溪山的茶花

具有两个世界之最。首先，它是世界上古茶花树最多的地方；其次，世界上人工栽培最古老的茶花树生长在紫溪山。为了充分利用紫溪山的生物资源，吸引更多的国内外旅游者，紫溪山兴建了许多人工植物园，1200 亩茶花园和 1500 亩的杜鹃园就是人工建造的，其规模为全国罕见。紫溪山古元茶“童子面”居世界榜首，花开不俗，独具风韵，其独特之处是一树开红白两色花，树干先开红花紫溪茶，树梢后开白花童子面，每年有长达半年的花期。11 月，当北方已是冰封雪冻的季节，紫溪山茶花母树红花已经悄然含苞。来年二三月，北方乍暖还寒时，它已是满树灿烂。红花、白花绽放着美丽与妩媚，冰清玉洁与雍容华贵融于一树。明代诗人、画家担当和尚游紫溪山时，曾为此树赋诗一首：“冷艳争春喜灿然，山茶暗谱甲乙滇。树头万朵齐图头，残雪烧红半边天。”2005 年 3 月 22 日，国际茶花协会在瑞士洛桑举行的理事会上接受了楚雄市人民政府申办国际茶花大会的报告，决定于 2012 年在中国楚雄举办第 21 届国际茶花大会，紫溪山茶花正引起越来越多国内外游人的关注。

南华咪依噜风情谷

大家好！欢迎各位到南华参观游览。今天我们要游览的目的地咪依噜风情谷距离县城 13 公里，大约需要 20 分钟的车程。

现在大家的右侧是“野生菌王国”旅游接待区，规划占地 538 亩，计划总投资 3. 23 亿元，整个项目计划 6 年内实施完毕，届时南华将成为国内最大的野生菌加工基地、交易集散地和旅游目的地。

或许大家已经注意到，在公路两侧的绿化带丛中有一些大大小小的蘑菇，那就是我们的野生菌造型，我们希望通过这样的建设方式，把野生菌产业的发展与城市建设结合起来，充分体现野生菌文化，彰显城市建筑个性。

现在我们的左手边是南华龙泉广场，正前方是我们南华的标志性建筑，周围的四根柱子代表着以汉、彝、白、回四个主体民族为代表的全县各族人民，中间的圆球寓意母亲河龙川江孕育着“九府通衢”的南华县的山川地理。

现在我们的车子正行驶在南永公路的起点段，南永公路于2006 年 10 月全线贯通，是楚雄州北上攀枝花市的重要通道，全长 147 公里。

现在我们的车正行驶在前往咪依噜风情谷的道路上，借此机会，我把咪依噜风情谷旅游区的基本情况给大家

作一个简单的介绍。

咪依噜风情谷旅游区位于南华县龙川镇岔河村委会，地处南华、姚安、牟定三县的结合部，距南华县城13公里，属于真正意义上的彝族原生态自然村落。境内茂密的森林与恬静的彝村相互映衬，古树、梯田、土掌房、姑娘房、垛木房层层叠叠，优美清新的环境与热情奔放的民族形成鲜明的对比；四处洋溢出来的彝族文化、彝家风情和乡村气息与大理、丽江、昆明等城市旅游资源相比，有较大差异性。

咪依噜风情谷目前仍然保留着传统的彝族歌舞、服饰、刺绣等丰富多彩的生产、生活方式，热情的"拦门酒"、古朴的迎宾调、神秘的姑娘房、传统的风味菜、清醇的"羊角酒"、动人的山歌、奔放的左脚舞洋溢着浓郁的民族气息。1997年以来，先后有日本、美国、澳大利亚、荷兰、比利时、瑞典、丹麦、新西兰、加拿大等国家以及我国的台湾、香港的游客多次慕名前来岔河彝村旅游观光，交流文化。故事片《通天长老》、《大峡谷》摄制组前来拍摄电影片段，留下了许多岔河风光；香港凤凰电视台在这里摄制了《新娘出嫁》的全部场面；中央电视台在这里摄制了《火的民族》；日本东京电视台到这里作"稻田文化"现场直播。咪依噜风情谷于2007年元旦开谷迎宾以来，迎来了越来越多的检查指导、观光考察和旅游团队。

现在我们已经进入了咪依噜风情谷旅游区，大家的左边就是旅游区的第一个接待点马鞍寨，这个自然村共有23户86人，目前有10户农户自发联合开办乡村旅游。他们在房子后面的山上还建造了具有浓郁彝族特色的茅草房、跳歌场，如果大家感兴趣的话，待会儿我们可以

上去看一看。

大家左前方这个村子是水景房饭庄，这里共有 14 户 59 人，这个点因水资源丰富，主要突出水境景观。

大家右边是三家村，共有 12 户 62 人，目前开办了彝家土鸡宴和山菜饭庄两个接待点，接待点背后的山上有一个围猎场。

在大家左侧绿树成荫的山坡上那个村落是起家大院，公路右边崖壁上的绘画是讲述彝族圣女咪依噜传说的大型壁画。故事反映了善良、美丽的彝族姑娘咪依噜不畏强权、英勇献身、忠于爱情的动人传说。

咪依噜的传说

农历二月初八，是彝族人民一年一度的传统插花节。关于这个节日，还有一个传说。很久以前，彝家山寨有一个名叫咪依噜的姑娘，她长得像鲜花一样的美丽。她会绣花，绣出的花朵能引来蜜蜂采蜜，蝴蝶翻飞；她爱唱歌，美妙的歌声常常招来林中的百鸟啼唱……

一天，她在放羊的山坡上，一边绩麻，一边放羊，唱起了动人的放羊调。悠扬动听的歌声深深打动了在山林里围猎的青年朝列若的心，两人隔山对歌，私订终身。

彝家山寨有一个极其凶残的贪淫山官，他在高山顶上盖了座“天仙园”，强迫每村每寨都要将最漂亮的姑娘送去伺候他。一天，山官派人来说：“天仙园选中了咪依噜，必须在三天内送达，否则，杀死全家，烧光寨子。”咪依噜为了拯救受苦受难的乡亲和姐妹，她采摘了一朵有剧毒的马缨花，插在头帕上，毅然登

上山顶，只身闯入“天仙园”。山官见咪依噜貌美如花，垂涎三尺，高兴得眼睛都眯成了一条缝。咪依噜面对凶残的山官，取下头上的白色马缨花泡在酒里，举起酒碗对山官说：“愿你我永结同心，共同干了这碗同心酒。”咪依噜说完喝了一大口花酒，便把酒碗转给山官，山官接过酒碗一饮而尽。顿时天旋地转，倒绝于地，咪依噜也闭上了美丽的眼睛。

朝列若得知噩耗，悲愤欲绝，他在山间奔走哭号，哭干了眼泪，一路喋血。鲜血把峰岭间的马缨花染得殷红，从此，彝家山寨开出了鲜艳如血的马缨花。

彝族人民为了怀念这位献身除恶的姑娘，每逢农历二月初八这天，采来朝列若用血泪染红的马缨花，插在门头，拴在牛羊角上，别在农具上，把马缨花视为吉祥如意的象征。这一天，人们穿上色彩鲜艳的盛装，头上插鲜花，带上美味佳肴，聚集山顶，招亲呼友，举杯助兴，共祝吉祥幸福。未婚青年男女，围着篝火欢歌起舞，选择情侣，互送鲜花，作为定情礼物。这个传统节日，从很久很久以来，世代相传，直至今天。

现在我们进入小岔河村民小组，这里共有 45 户 194 人。目前有七家杀猪饭、脚楼寨、彝人客栈等 3 个接待点和 1 个游客接待中心。

姑娘房

彝家姑娘年满 12 岁，父母就为女儿盖一间离家较远的小屋。每天吃过晚饭，姑娘就住进小屋。如果晚饭后，姑娘还缩在火塘边和父母捂在一起，彝族观念会认为这个姑娘没有出息。姑娘房在彝族的习俗中起到一种姑娘与小伙子谈情说爱的“桥梁”作用，是小伙子和小姑娘的空间和领地，成婚后的男女，就不能到姑娘房了。彝族青年的这种结合方式相当别具风情。彝族青年男女相约住进“姑娘房”，但在恋爱中他们情感热烈却不轻浮，彼此维系着纯真的情感，从不越雷池半步，自觉接受民族传统道德的约束。这一古老的习俗，一直沿袭至今。每当一对情侣在姑娘房谈定婚约，小伙子将情况告知父母，父母再请媒人提亲，这样，一对情人就结成了夫妻。由于在姑娘房里，小伙子和小姑娘可以同床共枕，因此，姑娘房被披上了一层神秘的面纱。这层神秘的面纱，永远只有彝族的小伙子和小姑娘才能破解。

彝族生态村

姑娘端来了羊角酒杯，小伙子吹响了迎宾号角。彝家姑娘、伙子唱起敬酒歌，邀请你喝一杯“拦门酒”。穿过这道古朴的寨门，我们走进了素有“风情谷第一村”之称的彝族文化生态村。

在这里，我们可以感受到浓浓的彝族风情。大家请看，白色的院墙上画满了壁画，有狩猎图、耕作图、织麻图；有山中的动物、天上的飞鸟、林间的鲜花，这里用彝族文字和绘画书写了彝族的历史，直观地表达了彝族人的审美情趣。坐在青石铺筑的露天餐厅里，踩着松软翠绿的青松毛，品尝特色彝家风味菜，欣赏热情洋溢的彝族酒歌，在欢声笑语中和村民们共同跳舞，让你体验无限浓郁的彝族风情、感受城市喧嚣之外的宁静。

姚安德丰寺

各位朋友，读过《中国通史》的人，对古姚州这个地名就不会感到陌生。提起古姚州，就会使人想到“迤西文献名邦、花灯之乡、梅葛故地”的姚安。说姚安是历史文献名邦，是因为从1939年滇缅公路通车前一直上溯到东汉时期的两千多年间，这里是我国西南地区最重要的一条国际交通线——南方丝绸之路上的要道。当年，四川方向去缅甸、印度做生意的商贾，必须从川滇交界的拉鲊渡口过金沙江进入云南，经大姚、姚安，往大理、腾越方向才能到达。商人们为了图吉利，便给此道取名“灵关道”。道路的通畅自然带来了文化的交流，因此，这条道上曾发生过许多大事，出现过许多名人轶事，同时也给我们留下了众多的文物古迹，德丰寺就是其中之一。

云南省重点文物保护单位德丰寺，位于栋川镇的正南街德丰路。德丰寺始建于明初，后曾遭兵燹，明朝永乐二年（1404年）重修。在嘉靖三十八年时又得到姚安知府杨曰赞的重修，现为姚安县博物馆馆址。馆内保存有青铜器、瓷器、古字画等文物千余件，馆藏文物种类齐全，数量多，质量高，为彝州之冠，被称之为“滇中文化的聚宝盆”。特别是馆内的历史文物展览及高奣映睡

像等文物，曾使多少游客慕名而来，流连忘返，该寺是一个蕴涵历史文化及娱乐观赏的旅游景点。

德丰寺系三重堂的古建筑群，是明朝“斗拱”建筑艺术留存较好的艺术典范，由门厅、前厅、过厅、正殿、两厢、两耳及地藏寺组成。整座建筑取左右对称的中轴线布局，结构严谨，格局均衡，与北京故宫同时期建造，具有异曲同工之妙。

走进院内，东面是光绪五年徐联魁倡捐重建的地藏寺。西面是德化铭碑亭，“德化铭碑”集三刻于一石，半圆形的碑额上雕有佛像，碑座是莲花图案。正面是《兴宝寺德化铭》，另一侧是《嵇肃灵峰明帝记》。碑文记述了兴宝寺建寺的经过，盛赞大理国高氏家族的功德及嵇肃山祭祀的盛况，文章骈散兼行，文辞优美。书法峻拔瘦劲，内含北齐风采，被行家评论为“非宋以后诸家所能及也”，是一块难得的宋元时期的碑刻，现已列为云南“八大名碑”之一。

走进正门，可见六扇“八仙庆寿”雕花格子门。右边说的是“果老鱼鼓郑板桥，仙姑携来长生草，洞宾身背清风剑，钟离老祖把扇摇”。左边的是“采荷来把蟠桃献，拐李先生道德高，国舅手抚云杖板，湘子云中奏玉箫”。

大殿门前，是一对大理石雕刻的石狮，一雌一雄，一个开口，一个闭口，雕工细腻，形象生动。狮毛旋螺，肋骨清晰，分别雕刻在两块石板上。传说原在丽江木土司衙门口，姚安土司高奣映幼年时到丽江拜见外祖父，临返姚安，木土司问高奣映要什么东西，高奣映爬在石狮子上骑着不下来，也不吭气，木土司即将两狮赠送给

高奇映，并派人押运至姚安，置放于高土司衙门口。其后代高孚鹤捐赠文庙，1955 年移至姚安县文化馆，现置德丰寺大殿门口。

我们来到正殿，可以看到正殿的主体建筑沿袭了宋代宫廷式“斗拱”建筑的结构特点，以抬梁式梁柱，单檐歇山顶叠木而成，全无钉楔的痕迹，相传为神匠所造，整座大殿宏伟壮观，布局严谨，古朴典雅，充分体现了古代建筑的独特风格，是目前云南省保存较为完整的明代建筑，距今已有600 多年的历史了。1989 年，省、州、县三级投资提升 1.4 米，使大殿更显雄伟壮观。16 扇木雕门上雕刻的山水风景、花鸟鱼虫、历史人物、传说故事等，千姿百态、生动逼真、呼之欲出。那些山水风景、花鸟鱼虫，形象栩栩如生，工艺精湛细腻，充分体现了精美的雕刻技艺与实用效果的和谐统一，这在当时是不多见的。正上方这块匾额上的“真如境界”4 个大字，是明朝云南总兵木璘所题。

殿内这尊金身释迦牟尼铜像是明代铸造的，塑像仪态稳重，神情大方，铸工之精细，在省内少见。两边是迦叶、阿难、达摩、紧那罗及百丈禅师。再看这高约 1 米的宋代十尊彩绘菩萨。民间把它们称做“十姐妹”或“十献菩萨”，由灯、香、花、水果、茶、食、宝、珠、衣等组成，表现的是古代宗教活动中侍从阶层的形象，木雕菩萨头戴云卷饰花冠，正中雕小佛一尊，冠上的束带垂至肩下，高发髻，面部干瘦、圆阔，做含笑表情，耳上并饰花耳环。体态丰满，神情自如，全身比例匀称，宽衣博袖，披巾左侧绕腹下，巾角搭于左肩上，裙上缘垂伸及地。尖云头鞋露于裙外，踏在卷云座上，披巾垂

袖，衣纹雕刻流畅，身或正立、或倚曲、或拈莲花一朵。

走进西厢房就可看到有名的“姚安睡佛”铜像。这位慈眉善目的老先生，面向右侧，两眼齐闭，两手搭于肩际，两足相交，身穿古代儒家衣履，头发髻髯，纹路清晰，腰间系带，正怡然自得地倚靠在一个硕大的酒葫芦上酣睡，一看便知道是个酒仙。据说这尊铜像能消病减痛，如果你身体的哪个部位不舒适，只要诚心诚意地用手摸一摸铜像上相同的部位，不多时就能病痛全无。大家看，铜像上的一些部位已经被无数双虔诚的手摸得铮亮了。其实，这“睡佛”是清初文人高奣映（字雪君）的晚年自铸铜像。它铸造于清朝康熙三十五年至四十六年（1696—1707 年），与高奣映的真人一般大小。铜像长 179 厘米，重 200 公斤，全是用红铜浇铸的。只要你细心一看，铜像呈一个姚安的“安”字造型，加上酒葫芦从整体上看，又是“平”字造型。

高奣映是世袭姚安知府高䶮的儿子，为高氏五十二世，生于清朝顺治四年。高奣映自幼聪颖，生性敏悟，能过目成诵，14 岁时就初露才华，考取了秀才。16 岁时，高奣映便顶替父亲承袭了土官世职，土同知其实是个挂名的闲官，他借机博览群书，为后来著书立说打下了坚实的基础。康熙二十年（1681 年），吴三桂兵变反清失败，时局的动荡，朝廷的昏庸，使他厌倦了仕途，让儿子高映厚顶替了官位，自己隐居于结璘山学馆，接纳求学之子，他的门生中有 22 人考中进士，47 人考中举人，诸生有 135 人。此后，他抛弃尘俗杂务，专心致志于学术著作活动，一生共著书八十余种，后人用“桃李满南中，著作冠一州”来称赞他。晚年的高奣映，自铸

铜像，以酒葫芦为枕，陶然自乐。各位从葫芦上和铜像膝部右襟上的两段自作铭文就知道他当时的心情了。

大家仔细看，酒葫芦上的铭文是："有酒不醉，醉其太和。有饭不饱，饱德潜阿。眉上不挂一丝丝愁恼，心中无半点点烦嚣。只是一味的黑甜，睡到天荒地老。"膝部右襟上的铭文是："屈子曰：'众皆醉，我独醒。'夫人也，而反是不中山之酒。睡则千千日，不靡监乎王事，不劳困其肌骨，胸中贮有烟霞，一睡乃逾三万六千日。"真实地反映了他豁达逍遥的一生。高奣映卒于清康熙四十六年（1707 年），享年 60 岁。

东厢和西厢便是李贽当年创办三台书院的地方。李贽生于明嘉靖六年（1527 年），福建泉州人，回族，是我国明代杰出的进步思想家、政治家，是列入《中华英杰录》中的 84 位英杰人物之一。明万历五年至八年（1577—1580 年），李贽以南京刑部员外郎身份调任姚安知府。在其任期内，在府衙门上悬挂自警联"从故乡而来，两地疮痍同满目；当兵事之后，万家疾苦总关心"，时刻警示自己。他体察民情，治政有方，政绩显著，创办德丰寺三台书院，兴建李贽大桥，建盖光明宫，在姚安期间著有诗文《光明宫记》、《龙山说》、《论政篇》等。他反对"咸以孔子之是非为是非"。他秉性廉洁，不谋私利。三年后自劾免归，离姚（安）时，"囊中仅图书数卷，士民攀卧道间，哭声震天，车不得发"。姚安人称之为"千古特立之人物"。辞官后，寓居麻城，专事著书，针砭时弊，其著作有《李氏焚书》、《续焚书》、《藏书》、《续藏书》等。晚年被奸臣诬告下狱，含冤卒于牢内。

德丰寺继承了宋代的房屋建造风格，结构上采取构架式的结构法，集中体现了我国古代建筑艺术的优秀传统和独特风格，充分反映了我国古代劳动人民的高度智慧和创造才能，在建筑史上具有十分重要的地位，是祖国文化遗产中的重要组成部分。

历史文化名镇——光禄古镇

朋友，你可能到过许多名山大川，但今天我们带你来到待字闺中无人识，但却品味超凡的地方——姚安县光禄古镇。请大家随我一起走进光禄，一起走进那段远去的时光，轻轻触碰岁月的痕迹，细细寻找历史的印痕，用心感受古镇的魅力。

光禄古镇是姚安的北大门，总人口 3.4 万，国土面积136.64 平方公里，境内居住着汉、彝、回、白等民族，距县城 12 公里，距楚雄州府92 公里，全镇 11 个村委会，已全部修通公路。

今天的光禄，南永公路穿境而过，缩短了光禄与昆明、攀枝花、大理、楚雄等几个城市的距离。还没走进古镇，你就可以感受到光禄田园带来的清新的农耕气息，远山上渐渐清晰的千年古寺所透出的古色古香。走进光禄这一省级历史文化名镇，那十字街口的牌坊、四合五天井、走马串角楼和古老的“坤”字形街，承载了千年历史文化的古建筑就会让你叹为观止。哪怕是脚下的雨花石、街边的照明灯、屋檐上的古雕刻，也能带给你一连串的惊喜。历史上曾经有过“光禄八景”：佛寺寻春、凤岫雪梨、小桥新柳、佛院探幽、高陀夕照、镜棚夜月、登瀛晚眺、西来赏桂。听起来令人神往。

这里历史悠久，名人辈出，涌现了高奣映、赵子骧、马驷良、赵鹤清等名噪三迤大地、影响深远的名人学士。远在新石器时代，光禄就有人居住。从西汉开始 2200 多年的历史，大约 1500 年左右的时间是光禄最辉煌的时期，这里曾是历史上最重要的军事战略要地，中原文明与西南少数民族文明在这里碰撞交汇。大家可以看到土主信仰和道教、佛教在这里并存，这是文化元素的体现，也是地方人文素质包容性的体现。早在西汉时期（公元前 109 年）就在这里设置弄栋县，城址在现光禄旧城村。唐武德四年设姚州都督府及南中统部，辖今川南、黔西、滇东南和滇西地区，节制 51 个州县。宋代为大理国的统知府，是大理国的八大名府之一，元代置姚安路于光禄，明、清改设姚安军民府、姚州。姚安又是西南丝绸之路的必经之地，是中原进入滇池和洱海的咽喉要道，历来为兵家必争之地，历代王朝均在此设路、府、州、县，并选派名流贤士镇守其邦。姚府是大理国宰相高氏的分封之地，大理国政权实为高氏执掌天下，一切政令出自高氏。元、明、清三朝，高氏家族执掌土知府和土同知 700 多年，曾有“九爽七公八宰相，一帝三王五封侯”的政治传奇。这在中国任何一支百家姓氏中都难以寻找到，其高氏第五十二代土司高奣映是我国清代思想家、教育家、政治家、文学家，其学识渊博，一生著书八十余种。姚安“一门出五举，三步两道台”的政治佳话中的“三步两道台”指的就是曾分别在河南和浙江担任过道台的光禄名人赵子骧和马驷良，赵子骧文武双全，马驷良书、画、音乐技艺令人叹服。近代艺术家赵鹤清书画艺术精湛，他的作品《墨兔》曾在 1915 年首届巴拿马

万国博览会上荣获金奖，享誉世界。这里文化积淀深厚，古建筑和古文物较多。有始建于唐朝天祐年间的龙华寺；元代建筑姚安路军民总管府主体建筑尚存，现已恢复原貌，属楚雄州重点文物保护单位；清代建筑文昌宫工艺精湛；民国时期建筑高雪君祠中西合璧，建筑风格独特；白塔街古民居建筑呈“坤”字形布局；清代著名土官高奣映铜像惟妙惟肖，属国家级珍贵文物；文昌宫飞来石奇特神秘。

光禄古镇文化底蕴深厚，素有“迤西文化名邦”、“花灯之乡”的美称。民间艺术文化丰富多彩，小邑拉花艺术韵味十足，曾经演唱到了中南海，为光禄赢得了“花灯之乡”的美称；坝子腔、洞经音乐等是光禄文化艺术宝库中的一绝；从元朝兴起的龙华会（农历二月初八）经久不衰，影响深远，是姚安的特色节庆之一。

光禄，这个至今仍保留着完整传统农耕文化的地方，山清水秀，泉水叮咚，春季的油菜花、蚕豆花和夏秋的十里荷花，呈现出一幅美轮美奂的田园风光图。这里的人，这里的山，这里的水，这里的空气，让你一见如故，流连忘返。她既承载了千年悠久的历史文明，又依然保留着纯朴、清新的泥土芳香。她似一个有着纯正贵族血统的少女，扎根于泥土，高贵、美丽、清新、自然。

千年古刹——龙华寺

各位朋友，在光禄古镇“坤”字形古街后面，我们可以看见龙华山形若游龙，峡深崖陡，流水潺潺。

现在我们来到了海拔1942米、古树参天的龙华山上，走近始建于唐天祐年间（904—907年）的千年古刹——龙华寺。龙华寺又名活佛寺、卧佛庵，至今已有一千多年的历史，是云南最古老的名刹之一。据史料记载，明朝初期宗风大盛时，各地名僧盘龙、古庭、振续、宗风云集此地，寺中僧徒曾达700多人，是川滇乃至缅甸、印度的一大佛教圣地。该寺也是云南境内规模较大、保留较完好的千年古寺，至今仍保留着完整的宫殿式建筑群格局，分为前、后、左、右四个院子。除正殿外，还有两厢、两耳、四轩、钟鼓楼及回廊等大小108个房间。院内栗、茶、菩提及苍松翠柏郁郁葱葱、高峻挺拔。大雄宝殿内有精雕彩绘的佛龛和三世佛盘坐的莲花宝座像。

龙华寺内不仅遍布着明、清时代雕刻精细的石雕、砖雕，还保留有高奣映、赵子骧、马驷良、赵鹤清、由云龙、由人龙等乡贤名流的匾额、手迹。后轩北院里，古代名流们在这享受着“栽数盆花探春秋之消息，蓄一池水观日月之盈亏”的闲情逸趣，“菩提女”、“龙首”

在诉说着大理皇族段氏与高家的关系。那寺后还有令旅行家徐霞客流连忘返的幽谷梅花，等着你去分享……

在停车场我们看到的四合院，是三丰祠，据说太极张三丰曾在这里住过。内有一口古井被称为“漱芳泉”，水清甘甜可口，称为神水。那边掩映在苍天古木中的院落，就是龙华寺了，拾级而上就能够看个仔细。

大家请看，这是牌楼式的山门，两侧的楹联是民国时期腾越道伊由人龙题书的“佛生极乐世，山僻大唐年”，横批“龙华古刹”，道出了龙华寺的悠久历史、建寺时间和佛门弟子的精神追求。穿过山门“通幽处”，你是否感受到赵子骧先生的“到此方知官是梦，前生安见我非僧”的人生感悟？两边是近代艺术家赵鹤清画的“龙吟”、“虎啸”图。有意思的是，这幅“虎啸”图，不论你从哪个角度去看，老虎的眼睛总是紧紧地盯着你。穿越照壁便是雕刻精细、彩绘夺目的三重檐式钟楼和鼓楼，从两边的台阶上去就到三院了。请看，这个巨大的“佛”字，它的直径有1米多呢！

菩提女的传说

大家过来看看水池对面的佛龛，佛龛中塑的这尊雕像，慈颜丰容，身傅赤金，栩栩如生，她便是菩提女。据说，她是大理国相国高泰祥的千金。两侧是清人赵鹤清撰写的楹联：

灭国痛流离，视元段兴亡，帝业侯封成泡影；

出家全孝义，参法王得度，名山佛子铸金身。

横额题为“果证菩提”。大理国相国的女儿怎么会在这里有塑像，而且还塑在这佛龛中呢？这里有一段动人的故事。相传，大理段氏相国高泰祥共有9个子女，那独生女排行老七，出生第二天起一直哇哇啼哭，家中正好来了个化缘的和尚，女婴的啼哭声惊动了他，只见和尚双手合十，口中念念有词，不一会儿，女婴便停止了哭声，眼睛定定地看着和尚。和尚从挎囊中取出9粒菩提籽递与相国，并对他低语道："此女不凡，应叫菩提，请装好这9粒菩提树籽，如他们九兄妹青年遭难，可种植它卜占凶吉。"说完和尚便起身离去。高泰祥甚是诧异，但还是照和尚说的把菩提籽装进香囊，佩戴在女儿身上。从此，这9粒菩提籽便一直伴着菩提女长大。到了蒙古国宪宗二年（1252年），忽必烈派兵入滇，双方交战于丽江、大理，战打得是天昏地暗。结果，蒙古兵取胜，高泰祥被俘，他拒不向蒙古兵投降，最后被斩杀于大理五华楼下。其9个儿女从此各奔东西，天各一方，流离失散。菩提女也因国破家亡，逃到老家卧佛庵当了尼姑。她将随身带的9粒菩提籽种在寺院里，默默祈求菩提籽生根发芽、开花结果。后来，这9粒菩提籽果然生长得枝繁叶茂，枝头挂满了菩提籽。菩提女始终抱着兄妹团聚的信念，将菩提籽穿成念珠布施于民。并寻访失散多年的兄弟。功夫不负有心人，经菩提女暗中联络，高氏兄弟相邀于农历二月初八趁光禄传统街期赶街之机来寺中相会，一家骨肉终得团聚。菩提女百感交集，自觉功德圆满，便于当天夜里坐化了。后其兄高长寿被元朝忽必烈委任为姚安路军民总管府总管，高氏势力恢复，为纪念菩提女之忠贞笃信，便为其妹雕菩提女塑像，取名"滤水娘娘"，称为活佛，供奉于寺中，并拨款扩建寺

院。由此，活佛一名便在民间流传开来。这段故事在康熙末年任炎来姚安见志书记载，为“爰表泰祥之遗芳，明此女之孝义，并志高氏世臣乔木之盛云”，特撰《菩提树传奇》一书。民国年间又被由云龙、赵松泉写成曲本，排成滇戏，在民间广为流传。

龙华正殿

各位朋友，请大家随我来，到正殿去看看。正殿院角的4个花台里种的分别是金桂、玉兰、柏树和菩提。请看这边这座碑亭，两侧的碑文记载了龙华古刹的历史，是蔡友松撰写的。正面的大雄宝殿，金碧辉煌，工艺精湛，面阔5间，进深4间，高15米，斗拱式建筑，门梁栋檐精雕彩绘。殿内供奉的释迦牟尼佛、药师佛、观世音菩萨分别盘坐于莲花宝座上，为清代遗物。这座保存完好的佛龛，规模之大，工艺之美在云南省境内绝无仅有。殿内木质雕刻装饰和砖雕遍布建筑物的各个部位，为省内其他寺院所罕见。殿外宽敞的走廊以大理石雕围栏护住，柱头有云朵莲花，栋宇巍峨壮观，气势不凡。大家请看，殿额上“东亚大雄”四个大字，是克勤郡王手书的。高奣映镌刻的“清净圆通”、“鹫岭波罗”两块匾，笔力雄健。左右庭院里还有一片金桂飘香，沁人心脾。关于龙华寺，曾有诗赞咏道：

群峭壁摹天，逍遥不计年。别来寻古道，倚树听流泉。花暖青年卧，松高白鹤眼。雨过天晴霭，独立下夕烟。

徐霞客游龙华

明崇祯十一年（1638 年）十二月十二日，著名旅行家、地理学家徐霞客从大姚到达姚安龙华寺时，当时的住持寂空和尚为之敬奉膳食并留他在后轩北院东厢房内歇宿。据说徐霞客对这里很感兴趣，当夜与寺内众僧聊天到深夜，第二天又把寺内寺外转了个遍，对这里的古树名木、奇石险箐赞叹不已，并将此段经历写进了《徐霞客游记》之中。在其《滇游日记》中留下了记录姚安的文字约 3000 字，其中留宿龙华寺的日记写得最为精彩，凡是读过此书的，可能都还记得“庭中药栏花砌甚幽，墙外古梅一株，花甚盛。下临深箐，外映重峦”的插叙。

历尽沧桑的千年古刹龙华寺，于 1993 年 11 月被列为云南省重点文物保护单位，2005 年 12 月又被公布为国家级重点文物保护单位。1985 年 3 月恢复了一年一度的二月初八“龙华盛会”，会期云集四方宾客近 10 万余人，热闹非凡。

白塔公园

欢迎大家来到白塔公园观光游览。白塔公园位于大姚县城西郊宝筏山巅，海拔1880米，占地300余亩。游览区内树木浓荫蔽日，郁郁葱葱。大家请看，这就是白塔公园的门楼。门楼飞檐画栋，琉璃瓦，花格窗，古朴而雅致。穿过门楼，让我们拾级而上，去山巅看白塔。

各位朋友，你们是否想过这长长的石阶有多少级？共有340级！大家看，沿途花草茂盛，古柏成荫，曲径通幽。走到石阶尽头，我们便能透过树林的空隙看见那亘古千年的白塔。它始建于唐玄宗天宝五年（746年），是国家级重点文物保护单位。白塔塔高18.8米，通体白色，像一把倒立的磬槌，矗立在12层密檐柱之上，所以人们又叫它“磬槌塔”。下部是八角形须弥座塔基，高2.5米，每边长3.12米，从地表向上叠砌12层砖，高1.5米，向上又叠砌出4层檐，然后逐渐向上收4层。须弥座之上是一个高3.32米，边长约1.5米的八棱柱体。中部是一个12层的密檐座，高约1.74米。上部是一个高7.99米、两端细中间粗的圆锥体。整座塔用梵文印模青砖和汉字印模青砖砌成，梵文砖上印有一部佛经，汉文砖上有“大佛顶”、“八大灵塔咒”、“十方诸佛镇塔咒”、“资益谷塔咒”诸种字样，部分砖上有“尉迟监造”字

样。据考证，白塔用砖是由唐朝朝廷命官尉迟统一监造的。

白塔上大下小，又处于地震频繁的地带，但明弘治十七年（1504 年）和崇祯九年（1636 年）的两次大地震，仅震裂塔顶三尺，震落塔刹。

白塔的传说

关于白塔的建造，还有一段优美动人的传说。相传，在一千多年前，金碧镇的东、西、南三面的小山上有 3 个洞穴，洞里藏着许多妖怪，经常扬沙撒土，掩埋房屋、损坏庄稼、残害人畜，害得百姓无法生存，呼天喊地。悲惨的哭诉声传到天庭，玉帝大怒，派 3 个仙女下凡，在妖怪作孽的 3 座山顶上建造 3 座镇妖塔。3 位仙女下凡后，大姐和二姐分别奔向东面和南面的两座山上造塔，三妹到西面的宝筏山造塔，她们约好五更鸡叫时返回天宫。三妹到山上立即起窑烧砖，而大姐、二姐心想："脱坯烧砖后，还要一砖一砖地往上砌，要垒到什么时候才能造成?"于是，不约而同地用竹子扎架，用纸裱糊，不到两个时辰就把塔裱糊好了。她们看见三妹才造了半截，便学鸡叫催三妹。三妹听到鸡叫，以为天快亮了，急忙把装石灰的大锅翻罩在半截塔上。没想到，宝筏山上的塔就成了一座上圆下方，上大下小的奇塔了。当然传说只是寄托了人们的一种思想感情。其实，三塔的建造是佛教文化和古代劳动人民聪明智慧交融的结晶。

据说，1962 年中印两国发生边界争端时，印度的扩张主义分子曾狂言："哪里有梵文的塔，哪里就是印度的

领土。”敬爱的周恩来总理听到外交人员的这个汇报后，风趣地说：“云南大姚的白塔也有梵文，那么印度的领土应该划到大姚去了。”引得汇报的人们哄堂大笑，更加敬佩周恩来总理的渊博知识。在周总理口中，白塔成为驳斥印度扩张主义者的有力证据，也足见白塔的重要地位。

大家再看，白塔脚下，有一人工喷水池，池中映出的琼花塔影被称为“塔映瑶池”。仰观白塔雄姿，雅洁肃穆。“敲简诸天磬，触发古今情。”站在宝筏山巅，领略无限风光，你是否有些流连忘返呢？

妙峰山风光

欢迎大家来到佛教圣地妙峰山德云寺观光游览。妙峰山位于大姚县城南 11 公里金碧镇仓街境内，面积约 8 平方公里。每当夕阳西下，云蒸霞蔚、万峰拥翠，山巅青翠欲滴。数十里外，遥望山岚如缕缕云烟，宛如入古人山水图画中。大姚县古八景之一“妙峰晚翠”便是反映了这一景观。

妙峰山德云寺始建于明朝天启六年（1626 年），是一座具有历史渊源和佛教背景的寺院。整个建筑群布局合理，庄严肃穆，占地 25 亩，现存房间 218 间，亭、坊、池、阁交错，柱、檐、楹、碑刻相互映衬，绘画、雕塑精致美观，虽经历三百多年沧桑，仍然保存完好，光彩夺目。寺内大小五个院落广植花木，优雅静谧。寺院建筑高大雄伟、雕梁画栋，属云南省重点文物保护单位。

天王殿

大家看，这就是德云寺的天王殿，四大天王形态各异，有的怒目圆瞪，有的手持令箭，有的哈哈大笑，栩栩如生。请看大殿上方的两块匾额：“德云寺”、“峰自西来”七个镏金大字，字体苍劲有力，潇洒飘逸。“德云

寺”三字是翰林院王锡衮于明崇祯庚午年所题，“峰自西来”四个大字是中宪大夫姚安军民府事加一级闵本贞于康熙五十五年所题。

大雄宝殿

这里是庄严肃穆、气势雄伟的大雄宝殿，请看屋檐上方的匾额：“兰若拈笑”由钦命兵部尚书总督云贵部院长白伯麟于清嘉庆十四年所题；“梅渡法海”由云贵总督广宁王继文于清嘉庆十四年所题；“鹫岭慈云”由抚滇使者英阳初彭龄于清嘉庆庚申年所题，此外还有“华藏世界”、“德垂云普”等镏金大字。大家注意大殿两边这两副金字镌刻的楹联：“善财诣妙峰直溯道源非一日，祖师开德云流传心印已多年”，“一微尘中辟开三藏圣教，利剑刃下斩转无上法轮”。大家请看大雄宝殿右边过道的墙壁上，还镌刻着明代大旅行家、地理学家徐霞客考察妙峰山时写下的《七律·宿妙峰山》诗词碑文：“织路千山积翠连，穷边欲尽至天边。风留古德云还在，界群诸天日月悬。狮窟吼风随法鼓，龙泉喷玉护金连。代来力里腾慈伐，一榻三生岂偶然。”

现在，我们已进入了大雄宝殿，请看中央高大的神龛上的三尊坐佛，他们宝相庄严，拈花微笑。正在向游客轻轻祝福呢。坐佛四周，是情态各异的罗汉，他们各具形态，栩栩如生。

历史文化名镇——石羊古镇

各位朋友，欢迎大家来到历史悠久的石羊古镇观光游览。石羊古镇是云南省首批公布的三个历史文化名镇之一，它是一个宁静温馨、阳光充沛的小镇。石羊一名因传说开凿盐井时得石羊而名。远在汉晋时期，蜻蛉县（大姚）便设有盐官，元代在石羊设白盐井提举司，受大姚县节制。石羊为盐业古镇，明清为提举司驻地，民国元年至中华人民共和国初期为盐丰县驻地。

古镇因盐业而兴，商贾云集，交易频繁，古代运盐主要靠骡马驮运，从而形成一些纵贯南北、横贯东西的古骡马驿道。南有灵关道纵贯大姚、姚安，西出可至祥云、宾川，北上渡过金沙江可达永胜、华坪及四川会理等地。现今仍有许多当年用青石板铺成的人马驿道遗址，各种骡马蹄印清晰可见；还有那充满氤氲湿气的古盐井能让人触摸到历史的痕迹。建于明洪武年间的孔庙和清康熙年间铸成的孔子铜像、南北相对峙的南北二塔、“封氏节井”大型浮雕、晒盐棚、古盐井、石羊小吃、“七寺、八阁、九座庵”和穿镇而过的石羊江（古称香水河）上的三步两座桥无不折射出石羊古镇盐文化鼎盛时期的繁荣景象。

据史书记载，西汉时期，石羊古镇已经有灶户开井

取卤制盐，以卤代耕。明清时期这里的制盐业达到鼎盛，最高时年产量达到 7500 吨，每年所征盐税达（白银）87500 多两。高额的盐税使中央政府直接在石羊这里设置课提举司，小小的石羊由中央直接管辖，许多京城和宫廷的文化也被带到了这里来落户。石羊也因此变成了事实上的县中之县，南来北往的盐商和灶户长期云集，也带来了各种文化，这里曾经是多元文化的交汇处。孔庙就是儒家文化在这里发扬传播的沉淀，石羊就这样因盐而兴，因文而盛。这里有七寺八阁九座庵，还有众多的书院和人文故事。因为有丰富的食盐资源，这里也成了一块官家和商家必争之地。

虽然经历了历史的沧桑和自然灾害的洗礼，但石羊的历史古迹还是随处可见，孔庙就是保存最完好的古迹之一。

古树倚塔

大家看，这就是石羊的南塔，南塔也叫做白塔，塔高 14 米，7 层，方形中空，用砖砌成，基座为四方形。边长 5 米，须弥座高 3.5 米，塔身各层用砖砌成叠檐，呈台阶状，各层随着塔身增高而收缩成方槌形至顶，塔顶用铁锅倒扣而无塔刹，各层有小佛龛洞，在二层各方龛洞内，有砂石浮雕塔佛，塔座南面，有高 1.5 米，宽 0.7 米的拱门嵌有《建塔碑记》石碑一块，内密封。南塔相传始建于明朝。《建塔碑记》载："白塔于庚午辛未间（1630 年至 1631 年）复颓，八景固已缺一矣。于康熙壬辰年（康熙五十一年，1712 年）……"（《建塔碑记》也

就是重建南塔时嵌上的），紧贴塔的西面，有古树一株，直径约六七十公分，树干与塔身相依相偎，犹如一对亲密的情侣。树冠枝繁叶茂荫蔽着宝塔，犹如巨大而葱翠的华盖，衬托出树包塔的自然景观，相映成趣。

观音古寺

观音寺在石羊镇绿萝山麓，该寺建于唐代，是石羊最早的寺庙之一。据清《白盐井志》记载，原来建寺的地方常有白衣女出现，后来，在其建寺挖掘地基时，挖出白衣女的雕像，寺庙建成之后便把雕像供奉于寺内。

大家看到了吗？这就是观音寺的两只“千年神龟”，它们正安闲自在，有时藏匿在院中的花草树木里，有时不紧不慢地在院中散步，怡然自得地接受人们的称赞。据说它们属于旱龟的一种，是观音寺的一个镇寺之宝。

竹篷晒盐

请大家抬头向上看，这就是晒盐篷，它已有上百年的历史。这个晒盐篷长 100 多米，宽 40 多米，号称中国最大的竹木篷。它是在制盐工艺中，用于提高卤水浓度的一种生产设施，是一种较为生态的生产设施，融汇了古今制盐工艺的活载体，如今由于政府盐业政策的调整，加之为了发展旅游，保护环境，石羊盐厂关闭了，它也就成为石羊古镇一道独特的人文景观。石羊的制盐业始于汉，盛于唐。唐朝有盐井 56 口。光绪宣统年间，年销白盐高达 969 万斤，年缴课税银 8 万余两，行销 23 个府、厅、县、区。

孔 庙

孔庙位于石羊古镇街道尾部的象岭山脚下，坐北朝南，占地5000多平方米，始建于明洪武元年（1368年），距今已有640年的历史。孔庙和孔子铜像是整个古镇的灵魂。整个孔庙占地面积6584平方米，建筑面积1616.8平方米，由大成殿、天子台、朱子阁、仓圣祠、明伦堂、东庑、西庑等组成，建筑格局采用中国古代宫殿衙署的庭院形式布置，讲究纵横轴线，突出主体建筑，两侧对称排列次要建筑物，形成一组建制统一颇具规模的建筑群。孔庙大成殿内供有一尊铸造于清康熙四十七年的孔子铜像，铜像高2.3米，重2.5吨，铸造技术高超，形象生动，是中国现存年代久远体积最大而又保存最为完整的一尊孔子铜座像。大成殿内有乾隆、康熙等历代皇帝、名人所题的牌匾。明万历三十七年和清道光二十三年曾经过两次大修和扩建。整个建筑群在阳光的照耀下，显得金碧辉煌。

泮池：泮，指泮宫，清代称考中秀才为“入泮”。泮宫是古代的学校，泮池便为校门前的水池，意思是祝愿读书人像池塘聚水一样地聚集知识和学问。孔庙里的泮池也有聚风水的作用，主要是让各位拜过孔圣人以后，好运时常伴着你。一会儿大家进去拜过孔夫子出来时要到这里来倒顺各转三圈，这样就可时来运转，学业优秀。大家低头看，泮池里种有荷花，荷花出淤泥而不染，象征读书人考取功名以后在为官仕途中应像荷花一样清正廉洁，不枉读圣贤书。中间的桥是状元桥，以前只有高中状元的人才可以行走，其他的学子只可以绕泮池走一

圈，这些都是读书人一生中引以为荣的大事。现在大家可以从上面走过了，走过的时候低头看一眼桥下，这也算是给孔夫子行的第一个大礼。

棂星门：棂星门是整个孔庙的大门。棂星为天上八十一宿之一的文曲星，它掌管着文运的兴衰，是文运保护神。孔子一生中因对中华文化和封建礼教作出巨大贡献而被人们认为是文曲星下凡转世，孔庙的正大门也因此被命名为棂星门。读书人只要踏进棂星门就会受到孔子保佑，文运亨通，一路连科。

大成门：在我们正上方的是大成门，大成门是孔庙中级别最高的门楼。大家可以看到，它的三大道大门之中，中间的这道门明显比左右两道门要高大宽敞一些，而且门上的门钉从左到右或从上到下数都是九颗，这代表这道门是九五之尊，皇帝才可以走的门。在这里则表示孔子享受的礼仪和皇帝同等尊贵。而左右两道门要小一些，门上的门钉也只有七七四十九颗，是专供文臣武将走的，没有功名的人还只能走两边侧门，这也反映了封建社会森严的等级制度。

下面的台阶是大成门的须弥座，中间镶着的御路龙板已有 640 年的历史了，是孔庙初建时就流传下来的。

这龙头看起来有点像羊头，融入了本地“龙女牧羊”的传说故事。据说在远古的时候，洞庭湖龙女许配给洱海龙太子为妻，后因龙太子听信小人谗言把洞庭湖龙女贬到人间牧羊。龙女赶着羊群到处游牧，不知经历多少岁月。有一天，她赶着羊群来到了美丽的香水河畔，一只羊在河边不远的山脚下刨土舔食。一会儿，其他羊也跟着舔食，龙女起初也没太在意，直到收羊时才发现少

了一只羊，看看沙滩，没有羊走失的足迹，于是她开始刨土寻羊。不一会，果然刨出了丢失的小白羊，但这只羊马上变成了石羊，刨过的地方流出了一股咸咸的卤水。后来的人们开始汲卤煮盐，石羊也因此得名。正是这一股清悠悠的卤水带动了石羊制盐业的兴起，使石羊这山乡小镇成为远近闻名，经济文化繁荣的千年盐都。

乡贤祠·名宦祠：大家看，在我的左右两边是乡贤祠和名宦祠。乡贤祠是用来供奉本地人考取功名在仕途中卓有成效者的牌位的。名宦祠是供奉外籍官员在本地做官为政清廉者的牌位的。只可惜在“文化大革命”中，这些牌位都被毁坏了，现在我们把它改做香烛和文化用品商店。

大成殿·天子台：孔子生活于春秋末期，距今已有2500多年了，他所创立的儒家传统文化影响中国乃至整个东方世界也有两千多年了，形成了在当今世界仍有鲜明特色的“孔子文化圈”。中国孕育了孔子文化，也因此曾一度领先于世界长达一千多年。在世界四大文明古国中，唯有以儒家文化为基石的中国能够一脉相传以至今日仍有蓬勃生机和活力。中华民族在漫长的历史长河中，虽历经磨难而终能凝聚力量，不像其他三个文明古国一样被历史长河所湮灭。

孔子是我国最伟大的思想家、政治家、文学家、教育家。他所创立的儒家思想，自汉朝以来就成为中国传统文化的主导。孔子倡导以德治国的政治理念、修齐治平的立世态度、忠孝礼信的伦理意识、因材施教的教育主张、四海一家的大同理想等；制定一套仁义礼乐规范，并形成一套完整的如何做人、如何待人的道德观。正因为孔子作出的巨大贡献，后人修了高规格的孔庙来祭祀他。

现在我们看到这黄瓦、红墙、斗拱歇山顶式的大成殿是整个孔庙中规格最高的大殿，距今也有400多年的历史了。大家可以看到，门的上方挂着三块匾，中间一块“万世师表”是1700年石羊提举郑山上书康熙皇帝为铸造铜像亲笔御书，连同诏书一起颁发下来。它的意思是“孔子是后代万世学习的表率和楷模”。左边一块“与天地参”是乾隆皇帝亲笔所书，赞颂孔子与天地鼎立为三同；右边一块是奉嘉庆皇帝口谕由别人代书“圣集大成”，意思是孔子的思想集古代先贤之大成，大成殿、大成门也因此得名。

大家再看看门上的描金花窗，上面所刻的内容大多是“鲤鱼跃龙门”、“一路连科”、“封侯挂印”、“喜鹊闹梅”等富有文化气息的吉祥喜庆的传统画。下面用大理石做成的栏杆是天子台，它是专门建来供每年农历八月二十七日祭孔时皇帝或主祭官宣读祭文，主持祭孔仪式用的。看上去它要比大成殿矮一些，这是因为孔子作为圣人供奉在里面就像天上的神，而皇帝作为天子，只是天的儿子，代表天的旨意来到人间管理百姓，所以天子台要比大成殿矮一些。

世界最大的孔子铜像

好啦，各位嘉宾，请大家和我一起进入大成殿参观。现在我们所看到的就是孔庙的镇庙之宝——世界上最大的孔子铜像。它头戴王冠，手捧朝笏，身穿金袍，这一

身打扮是唐玄宗时追封他为大成至圣文宣王时的打扮，铜像高2.3米，重2.5吨，采用纯铜铸造而成。它由昆明工匠杨维伦于1700年开始铸造，历时9年，到1709年（康熙四十八年）完工。直到今天，铜像还创造了四个世界之最，它是世界上做工最精美、保存最完整、历史最悠久、体积最大的铜像。据专家统计，孔庙在全世界约有两千多座，仅国内就有一千五百多座，而有孔子铜像的只有曲阜、台湾、石羊三庙，其中石羊孔庙的铜像是最大的。也许有人会问，为什么在这样一个山乡小镇会有如此大的铜像？这和石羊历史上经济、文化长期兴盛分不开。

在明朝建立以前，石羊的居民不多，大多以白族、彝族为主，他们信奉土主，以作坊式制盐为主要经济来源，盐的产量不高。到了明朝初期，大量的汉族随军涌入石羊，汉族逐渐成为石羊的主体民族，同时也带来了先进的生产力和中原汉文化，从而使石羊的制盐经济和文化得到较大的发展。明朝末期和清朝中期，石羊的制盐经济和文化达到了顶峰，文化上也取得了较大的发展，石羊小镇遍布书院、庙宇，孔庙也被搬迁扩建到如今这个规模。当时石羊有一个庠生灶户叫王显相，家里很有钱，只可惜到老了还是无儿无女，于是他想做些善事，把钱捐出来到孔庙铸铜像，就和观音寺的和尚广福、广禄商量，这个建议得到了两位和尚和当时的提举郑山及他后来的继任者孔尚昆的大力支持。立刻上书康熙帝。康熙皇帝为加快满人和汉文化的融和，很快就准奏，并御赐“万世师表”的匾额。铜像铸成以后，孔庙更增加了生机，朝拜者络绎不绝。石羊文风更加盛行，科甲连

绵，小小的石羊小镇在明清两朝共考取了2个翰林，7个进士，60多个举人，200多个贡生。当然铜像在历史上也是历遭磨难，国民党败走台湾时，曾想把铜像运走，但因为路途遥远，只好作罢，只运走前面的一张铜供桌。到20世纪50年代大炼钢铁时，有人也想把它敲碎拿去炼铁，但怎么敲也没有敲碎，而敲打的人却手痛得抬不起来。有人认为是孔子显灵了，不敢再敲，铜像才得以保存。20世纪70年代“批林批孔”时，有人也曾想用推土机把它拉倒，但铜像没有拉倒，整幢大殿反而摇晃起来，红卫兵小将只好放弃了。后来据人们考察，发现铜像的座基下面有八条铁链连着大殿的柱子，俗称“地龙”。这就是铜像得以保存的原因。

如今，到这里祭拜孔子的人很多，据说孔夫子能够保佑莘莘学子学习进步，考上理想的学校。每年春节过后直到8月份，朝拜者从不间断，所挂彩条也不下千幅。

铜像旁边的四块牌位是陪伴孔子出行讲学的“四配”，他们分别是颜回、孔笈、曾参、孟子。在儒家学派众多弟子当中，这四人成就最高，被历代帝王禅封为“四配”。两侧的牌位是“十二哲”的，他们都是古代儒家文化的发扬者和继承者。大殿上方的五块匾是由大清王朝的5个皇帝所题，从左到右依次是：“生民未有”是雍正皇帝所题，其意是孔子为前无古人的圣者；“斯文在兹”是光绪帝所题，意谓礼乐制度在这里传扬光大；“圣协时中”是道光皇帝所题，意谓孔子立身行事皆合时宜，无偏无倚，合乎中庸之道；“圣神天纵”是同治皇帝所题，意谓孔子的圣明是上天所赐予的；“德齐帱载”是咸丰皇帝所题，意谓孔子之德像天地一样覆盖和承载万物。

东西庑殿：大成殿两侧是东庑和西庑，里面分别供奉着36位儒家学派的重要人物。他们都是孔子的学生，俗称72贤。这72尊塑像是2004年大姚县各级领导和社会名流自愿捐资塑造的。

朱子阁：朱子阁是为纪念北宋大儒——程朱理学的集大成者朱熹而建的，里面供奉着朱熹的塑像，因其谥号为朱文公和朱子而得名。朱熹对儒家学说融会贯通，会众说而折其中，主张用天命之主宰气质之性，存天理、灭人欲。注重“持敬”的涵养功夫，居敬穷理，以“仁”为修养的最高境界。他的学术思想在其后六七百年间具有深远的影响力，明清之际被封建王朝提升到儒学的正宗地位。由于他在继承和发扬儒学方面的杰出贡献，清代破格升其为“十二哲”之一，可谓殊荣之至。

仓颉宫：大家知道，古人“观鸟兽纹”而发明了文字。仓颉宫是为了纪念汉字的造字始祖仓颉而建，供奉的是仓颉塑像。仓颉是约公元前26世纪时轩辕黄帝的史官，他在前人创造使用图画文字的基础上，把象形文字发展到五百余字，并始创造籀文（称为“中国的五大发明”之一），是我国远古时代汉字起源创始人之一。因有了汉字，才使中华五千年的文化得以记录传承下来。

封氏节井浮雕：大家已经知道，在明朝以前，石羊的土著居民是白族和彝族，他们信仰的是属于原始宗教范畴的土主（白族称本主）崇拜。直到明朝初年，沐英率大军平定云南以后，发现石羊盐矿丰富，以卤代耕，经济繁荣，于是把原来的土著居民驱赶到山区，把石羊分封给有功将士。自此，石羊的主体民族逐渐转变为汉族，然而原来当地人所信仰的土主和龙王等却流传了下

来，只是土主的面目已经改变。“文化大革命”期间，位于石羊小学院内，石羊历史上规模最大的土主庙被全部拆除。现在，我们继续参观的封氏节井浮雕原来就镶嵌在那座土主庙里的供台后面，土主庙拆除以后无处存放，被收藏到孔庙供大家参观，这也充分体现了儒家思想的兼容并蓄。

好啦，现在我们已经站到封氏节井浮雕前面了。整幅浮雕长 4. 1 米，高 2. 2 米，由六块大理石拼成，其内容分上、中、下三部分，反映了明清时期石羊古镇制盐业、手工业、商业等的发展情况，记录着古镇的历史，留下了许多关于龙女牧羊、封氏刺虎的传说故事，是明清时期石羊历史的缩影，被外界誉为石羊古镇的“清明上河图”。从浮雕的右上边往左看，再从左下边往右看，第一个故事讲的是“洞庭不波，鹾使欣逢利济”；第二个故事是“黎武坡前，现旌旗以示异”；第三个故事是“井名节井，俯全烈妇情操”；第四个故事是“森罗殿上，挂佩剑而难欺”。

黉学馆：现在我们参观黉学馆，黉是指古代学校。黉学馆则是收藏儒学典籍，文人学士研讨学问、讲学赋诗的场所。目前，在这里展出石羊本地书画家的作品，用以展示石羊深厚的文化底蕴和本土文化。

正殿里供奉的铜像是孟子像。孟子的学说，以孔子为旗帜，全面地继承发扬儒家思想，故被封建统治者尊奉为仅次于孔子的圣人。孔子与孟子的思想也在长期的历史过程中糅合为一体，号称孔孟之道，成为儒家思想学说及中国传统文化的骨干与核心。

魁星阁：参观完黉学馆，接下来我们将参观孔庙的

最后一个景点——魁星阁。凡有孔庙的地方，在其附近都建有魁星阁，魁是“第一”的意思，魁星是二十八星宿之一，为北斗七星中靠斗柄的第一颗星，被古人附会为主管文运之神。据说他手里拿着的神笔点向谁，谁就可以高中状元，封侯挂印，荣华富贵从此开始。尽管魁星看上去鬼里鬼气的，但却极受读书人的崇拜。有些读书人考试时在座位的右边贴上魁星像，有的还在怀里揣上泥塑或木雕小魁星，以求神灵庇佑 文运亨通。

好啦！现在我们所看到的就是“魁星点斗，独占鳌头”的造像。“独占鳌头”也是有由来的。在古代，皇宫大殿门前的台阶中央都有一块大石板，上面雕有龙，下面雕有鳌鱼像（大龟）。唐宋时，每到殿试发榜之日，进士要站在台阶下迎榜，为首的状元则荣幸地站在大乌龟的脑袋上，故曰“独占鳌头”。这个典故也从此流传下来。过去，读书考试之前凡进孔庙者都要拜魁星，考中后回来还愿时还要再拜，只有高中状元的人才可以上魁星阁楼。

昙华山风光

昙华山位于大姚县境中部，距县城45公里，面积48.13公里，主峰海拔3117米，森林茂密、奇峰竞秀、巍峨雄伟，系百草岭群峰之一。山间苍松翠柏郁郁葱葱，飞泉叠瀑藏于深涧，奇花异草遍布山岭，名木古树零星散落。阳春三月，漫山马缨花树点缀其间，火红一片；朵朵山茶，片片杜鹃配于其间，花潮似海。冬春多雪，有北国风光的美景；夏秋多雨雾，云雾弥漫，缭绕山间，变化无常，幻若仙景。雨后初晴，彩虹飞架，景色绚丽，古人谓之“月华扬彩昙”。

昙华山于1993年被评为“云南省风景名胜区”，1999年被文化部评为“中国民间艺术之乡”，同时被云南省民族文化研究所授予“咪依噜的故乡，彝剧诞生地”称号。景区内自然景观较多，有千柏林跳脚台、高氏镌石、滴水岩、蒸人甑子、煮人锅、鬼门关、拉窄么瀑布群、猿人石和昙华夕照等自然景观，景区内景观以雄、险、奇、秀的山峰和峡谷地貌为主，伴有古树名花，飞泉奇石，叠水瀑布。

昙华山是较为典型的彝族聚居区，民族文化底蕴深厚。大家来到这里，可以悉心观赏独具特色的彝族民居——垛木房、闪片房、麻秸房和彝族人民古老的生活

习俗。精美的手工纺织和华丽的彝族服饰一定会令你惊叹不已。品尝彝家山珍，喝一口荞麦烤酒，把自己融入民族传统节日——“插花节”——歌舞的海洋，你会体验到一种奇异的风情。

朋友，你可知道，昙华山上丰富多彩的民族歌舞，开创了彝剧先河。传世珍迹有明末清初著名土官高氏镌石、民族史诗《梅葛》、彝族十八月历及新石器时期的文化遗址——桂花大河遗址。昙华的《梅葛》史诗是世界三大创世史诗之一。昙华是《梅葛》的起源地，彝剧的发祥地。此外，彝族民族文化内涵博大精深，昙华彝族十八月历的发现，打破了玛雅文化唯一的传说，且早于美洲墨西哥玛雅文化五千多年。

昙华彝园

各位朋友，现在我们看到的坐落在高岗上的村寨就是被誉为中国彝家第一寨的昙华彝园，这个村寨是大姚“7·21”地震后恢复重建的彝家山寨。2003 年 7 月 21 日 23 时 16 分，大姚县境内发生 6.2 级地震，地震中心就在昙华。这次地震造成房屋倒塌、村毁人亡的惨剧。地震灾情发生后，党中央、国务院、各级党委和政府给予灾区人民极大关怀，社会各界伸出救援之手，纷纷奔赴地震灾区，和灾区人民共同谱写了催人奋进、感人泪下的抗震救灾之曲。如今，灾区彝族人民喜迁新居，安居乐业。整个昙华彝园的设计和建筑风格融入昙华彝族民居闪片房、垛木房、茅草房、石磨房的建筑特点。在地理位置的选择上或依山傍水，或立于险峰，或隐于密林。

房屋构造雕花刻凤、飞檐翘角，并把当地神奇的传说设计于房屋、村寨建设之中。我们所站立的这个广场，叫葫芦广场，它形似葫芦，就是源于当地彝族古老的葫芦兄妹传说。

昙华是《梅葛》创世史诗的故乡，彝剧的发祥地。说到彝剧，就要说到当地一位名人——杨森。杨森是彝剧工作者，现已过世，他生前创作了大量的作品，代表作有《半夜羊叫》、《曼么与玛若》、《鲜艳的花苞》、《山林青青》、《芦笙歌》、《祝酒歌》等，他的作品曾获云南省民族民间文学奖。

说到彝剧，有的朋友可能知道，彝剧发源于昙华彝族人民生产生活中，是自己语言创作的悦耳动听的山歌，如《讨亲调》、《牧羊调》等。在这昙华山上，如果你留意，没准儿还能听到牧羊姑娘悠扬婉转的山歌或是牧童嘹亮清脆的短笛声呢！

十八月太阳历

令昙华人民引以为豪的除了彝剧以外，还有“彝族十八月历”。这与大家所熟知的十月太阳历不一样。考古学家、历史学家在昙华丫姑埂村发掘出彝族十八月历，这种历法与公历和农历不同，它把一年分为十八个月，每个月有二十天。

十八月历的发现，为天文学家、历史学家增添了一把打开西南远古人类奥秘的钥匙，又一次证明了彝族人民的智慧和本领。昙华所立彝族十八月太阳历碑高 8.3 米，由 5 个部分组成，第一部分为四方形，代表大地；第二部分

为18等分的建筑造型，表示一年有18个月；第三部分为一个葫芦形造型，表示彝族的祖先起源于葫芦兄妹的传说，在葫芦形建筑上分别有20个阴刻的小圆洞，表示一个月有20天，5个阳刻的小圆球，表示年终后有5天祭祀日；第四部分为三面体的造型，表示人类；第五部分为圆形的球体，表示太阳。整个彝族十八月太阳历碑的造型就是按人类头顶蓝天、脚踩大地的理念来设计的。

高氏石刻

沿着昙华山山坳北侧上山，现在我们看到的是觉云寺和昙华寺遗址。在觉云寺内曾铸有隐士高奣映铜像两尊：一尊为卧佛，头枕葫芦，如汉字里的“平”字；另一尊为立像，半蹲半站，形如汉字里的“安”字。可惜“文化大革命”期间庙宇被毁，铜像遗失。明末清初，姚安府土司高䶮倡建觉云寺和昙华寺，晚年便隐居于此，终日饮酒赋诗，像晋代的陶渊明，做桃花源中人。这一时期，他和他的子孙、朋友在觉云寺后山树林里的石壁上镌刻石碑共11块。其中山水、人物浮雕4块；诗文无题，书体行草，苍劲有力，若行云流水，颇有神韵。可现在大家看见的，只遗存5块诗文镌刻及高奣映浮雕画像。大家请过来看这块浮雕，人物潇洒，衣袂飘飘，轮廓清晰，形象逼真。这些留存对研究明末清初云南文化和高奣映生平有重要价值。

千柏林跳脚广场

现在我们来到千柏林跳脚广场，跳脚又称跳歌、踏

歌。欢乐的人群和着音乐节奏，边唱边跳，欢乐异常。古代名画《踏歌图》就描绘了这种欢乐的场景。千柏林踏脚广场风景优美，一年一度的彝族传统节日“插花节”就在这里举行。

现在大家请看，在千柏林跳脚广场右上方觉云寺遗址前的那株秃杉，树高30余米，胸径1.12米，为云南省内罕见的珍稀古木。它需要三人合抱方能围合，它的树叶和树皮都被当地彝医用来做药。旁边这4株形态各异的柏树叫“云头柏”，据说为高雪君（高奣映）亲手所植，又叫“雪君柏”，已有300多岁了。“插花节”时，四邻八乡的彝族姑娘、小伙聚集到这里，唱歌打跳，热闹非凡。

九天银河——大姚三潭

尊敬的各位游客，各位朋友，大家好！欢迎大家来到雄险壮观、神奇美丽的三潭景区观光游览。

三潭景区是大姚县最富魅力的景区。位于姚安、大姚两县的蜻蛉河中下游，南永二级公路赵家店乡中段，距大姚县城24公里，离楚雄110公里，距昆明290公里，距四川省攀枝花市113公里。这里的平均海拔在1400～1800米之间。整个景区以雄奇、险、峻的三潭瀑布为核心，主要景点由三潭瀑布、金马碧鸡洞、诸葛营、愚公洞、白人岩、紫丘山以及江底河大桥组成，景区旅游项目有自然奇景观光、惊险刺激探险、休闲娱乐度假等；观光项目主要以瀑布、野猴群、峡谷风光为主；探险类项目以高空索道、蹦极、无动力滑翔、攀岩、漂流、航空运动为主；休闲度假类项目主要以彝族土司府、松林别墅、森林网球场、狩猎场、彝族风情园为主。

观瀑台

各位游客，拾级而上，是不是有点浮入云端的感觉？现在我们到达的是三潭景区制高点上的观瀑台。观瀑台位于三潭大瀑布东侧的悬崖绝壁之上，崖高180余丈，

直落三潭底部的金钟潭。站在观瀑台上居高临下，雄奇壮观的三潭美景尽收眼底，正如一位伟人所说，无限风光在险峰。站在台上高崖临空，耳边急风贯耳，脚下云雾翻腾，人就像登上了半天浮云，有如神仙登萍渡海；眼望青山叠翠，宛若南天仙境；低头瞧，脚下万丈深渊，千尺飞潭如银河倒倾；侧耳听，峡谷深渊雷鸣振鼓，野马奔腾，势如万钧雷霆。站上观瀑台，目睹脚下飞瀑激荡，会使人产生一阵阵眩晕之感，好不惊险刺激。

金马碧鸡石

各位游客，现在耸立在我们眼前的是金马石和碧鸡石。大家都知道昆明郊区有金马山和碧鸡关，金碧路上还有金马坊和碧鸡坊，但是大多数人都不知道金马碧鸡的幻影最早出现在大姚。早在两千多年前的西汉时期，大姚古蜻蛉的禺同山，也就是上面这座紫丘山上，常有金马碧鸡的神影显现。碧鸡碧绿似五彩碧鸡飞翔云天，踱步顾盼，眉目生辉。所到之处，神光闪动，啼声清越，声传数十里。金马金黄，金光灿烂，神采飞扬，驰骋于九霄之上，似天马行空。金马碧鸡它们好像是一对天生的伴侣，形影不离。据史书记载，汉代史学家班固在《汉书·郊祀》中记载南中蜻蛉有金马碧鸡。汉武帝曾经派谏议大夫王褒持节前来探察。可惜王褒在途中不幸病故，临终前绝笔写下《移金马碧鸡文》，大家知道“彩云南现”是云南省地名称谓的来历。大姚县城被称为金碧镇，也蕴涵了金马碧鸡的意思。古代的云南指云南驿，在大理州祥云县境内，离我们站立的地方不远，从前方

翻越几座大山便可到达。

西汉时期的南方丝绸之路需要穿越三潭峡谷，经过蜻蛉（大姚）、弄栋（姚安），再由西经大理、腾冲等地出境。唐代中期，南诏国在昆明滇池湖畔设置拓东城，昆明才逐渐有了金马碧鸡的传说。我们前面这两块石头，既像山门，又像是迎接宾客的神像。其实这两块石头一块叫金马石，一块是碧鸡石。刚才我们说过金马和碧鸡一直是形影不离的，传说它们曾经就在这两块石头上停留过。大家细心观看，可以看到金马的蹄印和碧鸡的爪痕。自古以来人们都说凡是摸过两块石头的人，都会面如桃花，红运当顶，世世代代给人带来好运。大家都可以摸一摸。不过，不要摸错。男士只能摸左边的金马石，女士只能摸右边的碧鸡石。

大龙潭

大家都知道四川九寨沟是因九个寨子而得名，而我们正前方这个寨子，却只有九家人。但它不叫九寨村或九家寨，而叫做大龙潭村。这九家人都是彝族，古代在这里居住了千百年。这个寨子位于在三潭底部金钟潭岸边，传说古时候这个潭里有一条黑龙经常出来兴风作浪，扰得人们不得安宁。后来仙人请了一口金钟把黑龙罩住，从此这里就太平无事了。这几户人家是天神派来看守金钟的，他们祖祖辈辈就居住在这里。

这个寨子还有一件非常稀奇的事，大家注意到村子前边那棵清香树没有，它是这个寨子的神树。传说，这个寨子每遇婚丧嫁娶、起房盖屋等大事，锅碗瓢盆不够用，只要写一个借条，到树前烧三炷香，磕三个头，第二天早上树下就会摆出人们所需金银器皿来。用完后，再送回树下，神树就会自然收回。后来有一个贪心的财主来到这里，企图把财宝占为己有，树神激怒之下，把贪心财主连同金银器皿一齐沉入金钟潭。据说现在还有人在黑夜里看见金钟潭底泛起耀眼的波光。

杨梅园

大家都听过“望梅止渴”的故事，但北方的梅子绝对没有彝山的杨梅解渴。山坡上这片碧绿的荆棘林便是野生杨梅园。杨梅可以解渴生津，可以充饥解困，也可以做成杨梅酒。有一首歌是这样唱的“红红杨梅酒，又甜又爽口；阿老俵要喝的嘎（阿俵妹，你要喝的嘎），不喝你就莫要走，莫呀莫要走”。杨梅树还是青年男女谈恋爱的“媒人”。当地的彝族青年男女找对象要等杨梅熟了的时候到杨梅山上来找。如果姑娘看到了中意的阿哥，就送上一把杨梅，阿哥品尝姑娘摘来的杨梅是酸是甜。谁的杨梅甜，谁的良心就最好，阿哥就会把这位姑娘拉进杨梅林里谈恋爱。我们这里的杨梅最大，我们这里的杨梅最甜，每年杨梅熟了的时候，都会有很多人到这里来品尝杨梅、找对象。

红岩绝壁

这道绝壁当地人称为红岩绝壁，其实它是一堵七彩绝壁，岩高 50 多丈。这座绝壁就像一面巨型的七彩魔镜，到了夏秋季节的早晚，太阳光斜照在岩壁上时，岩

壁会反射出七彩霞光，霞光反射到谷里的水雾之中，它会呈现出千道彩虹，美妙无比。天下像这样的绝壁很多，但是像这堵绝壁会反射七彩霞光的仅此一处。

三潭峡谷有很多野生猴群，它们往往成群结队，在这绝壁上攀岩走险，或到深潭峡谷嬉戏游玩。这里的猴群属云南猕猴，是国家二级保护动物，它与游客最讲缘分，一会儿，大家游览峡谷风光时也许会有缘看到它们哦。

现在我们顺着这条栈道下潭底，然后到瀑布边观看奇妙的景观，走栈道时请大家一定要小心。

三潭瀑布

三潭其实是一个多级瀑布群。蜻蛉河流经这里，在不到一公里的河道上共有九九八十一级瀑布，有九九八十一个潭。这里最大的特点就是一瀑一潭，有瀑必有潭。所谓三潭，指的是瀑布群中落差最大的三级瀑布，从蜻蛉河上游至下游，第一级瀑布高 19 米，第二级瀑布高 120 米，第三级瀑布高 82 米，三级瀑布连续三叠浑然一体，由于千万年的巨流冲击，每个瀑布下都有一个深潭，分别形成三个潭，所以被称为三潭瀑布。三潭瀑布总落差 222 米，经考证三潭瀑布是西南第一高瀑。瀑布群从上下到江底河大峡谷，落差 500 多米，三潭瀑布和江底河大峡谷是远古时亚洲大陆造山运动形成的地质奇观。据地质专家考证，江底河大裂谷的地质构造，是证明中国地质变化最为典型的实证，它对于考察地质变化具有十分重要的意义。

三潭瀑布又称为双沟瀑布。云南历史文化名人高奣映于360多年前曾经专门为它作过一篇有名的《双沟瀑布说》。民国政府云南省主席龙云于1941年视察蜻蛉河时，写下了《双沟赏飞泉》的著名诗篇。诗是这样说的："有山无水亦难游，有水无山境不幽。万丈石岩皆江底，千仞瀑布是双沟。红花绿树烟常起，白日青天雨不收。信步初来何忍去？仙钟不老水长流。"又说："要到杭州西子边，先去双沟赏飞泉，遥追司马留楚汉，激下波公是好天。"三潭美景被龙云主席说得淋漓尽致，优美动人，三潭美景胜西湖，三潭美景是好天。

所谓的双沟，指的是我们眼前的这条蜻蛉河瀑布和右上方山沟石岩上的又一条瀑布，古时候人们把这两条瀑布叫做"双沟瀑布"。前面我们将要见到的三潭瀑布，它们一前一后，一左一右，呈现在这儿，就像一对情意绵绵的恩爱情侣，千万年相依相偎，永不分离。

三潭瀑布不但有雄险壮观的美丽奇景，而且还有很多神秘美妙的传说。自古以来在人间流传着这样一个神秘的故事，说的是太白金星从空中腾云而过，看到这里的人们围在一起欢歌，跳三跺脚舞，情况热闹非常，胜过天宫里的神仙生活。太白老仙就降落到地上学人们跳三跺脚舞，他这一跳就在地上跳出三个大坑，把山震裂了一条大裂缝。太白金星猛然想到神仙与凡人始终不一样，急忙腾空而去。后来这里就成了险峻壮观的三潭瀑布。在这里我提醒大家千万不要跺脚，难说你一跺脚就便会山崩地裂，形成新的瀑布。

三潭瀑布气势壮观，风情万种。但大家可能不知道，瀑布的水帘背后还暗藏着很多玄机，神秘莫测。在瀑布

两侧的悬崖上分别藏着两个洞，左边叫金马洞，右边叫碧鸡洞。传说远古时候飞翔在紫丘山上空的金马碧鸡就隐藏在这两个洞中。明朝状元杨升庵途经此地，曾经作过“鸡鸣残月映长庚，马嘶又促蜻蛉行”的诗句。碧鸡洞深25米，高4.5米，洞内分三岔，洞内奇异的钟乳石和石笋仿佛碧鸡的羽毛，美丽壮观。金马洞洞深10余米，高近10米，洞内宽敞明亮，洞内有一个形似大锅的石臼，酷似饮马石槽。

金钟潭

请大家低头往下看，我们下面这个碧波荡漾的深潭就是金钟潭。传说金钟潭里有一口金钟，它来自当年的白盐井，就是现在的石羊古镇。

古时候石羊小镇上的官绅和灶户集资请来了一个铸钟师傅铸造金钟。钟造好后，钟匠交代说要等他走后三天才可以敲钟，这样钟声便可传至百里之外。但当地官绅迫不及待地在当天中午就把钟敲响了，由于钟敲早了，金钟还没有发挥它的灵性，声音沉闷得像盐锅里煮水，吓得五井盐龙都爬到地底不动，卤水顿时少了一半。当地人以为是一口妖钟，就把它丢弃到荒郊野外。后来，金钟被妙峰山德云寺长老抬回寺中，虔诚供奉，早晚敬香，恢复了灵性，这时蜻蛉河里三潭黑龙作怪，仙人把金钟调来便镇住三潭黑龙。德云寺长老派一名姓陆的和尚一直追到三潭，正想把金钟抬走时，被仙人发觉，一个霹雳将和尚劈死在三潭，被埋在了西岸平缓处，现在在西岸的村名就叫和尚坟，陆和尚的坟还在。当时，金钟也被惊吓，一下子就沉到了深潭底部，现在每当水流激荡的时候，还会撞响潭底的金钟。

关于金钟潭的故事，到现在还流传着这样一首民谣：“太白金星赶马过，凡人点石变三峰。仙怒三足成潭底，潭边户底影无踪。造就人间一佛地，令旨黑龙居潭宫。掌管一方风水事，调来妙峰一金钟。”

现在大家可以细心观看金钟潭和金马碧鸡洞了。进洞之前请大家双手合十，默念“金马碧鸡降福人间”，你便会获得好运。山路崎岖，过水的时候请大家要小心。

愚公洞

大家都知道愚公移山的故事。但在咪依噜景区现在还在居住着一个当代老愚公。他姓马，是当地的彝族，现年 62 岁了。早年他参加过成昆铁路的修建。他为什么要在这里长年累月地挖掘这个洞，其中有一个缘由：1990 年他到四川探望亲家和女儿，登临峨眉山，在金顶寺遇见一个法师，法师对他双手合十，称他“师傅”。法师说：“你一生想寻找的藏宝仓库就在你门口。”从峨眉山回来后，他就到这里寻找“仓库”，整整找了十五天，被一块石头绊到就睡着了，一觉醒来，就看见一个洞口，他就从这里一锄一凿地开始挖洞，从 1990 年起一直挖到现在。

诸葛营

各位游客，这里就是诸葛营。蜀汉建兴三年（225年）春，诸葛亮亲自率大军南征，蜀军首先攻克越巂

（今四川西昌）。这时，云南东爨彝族首领孟获隔金沙江顽强抵抗。诸葛亮率军“五月渡泸，深入不毛”。采用攻心为上的政策，七擒七纵，感化了孟获，平定了南中。

在诸葛亮的军队刚刚渡过金沙江的时候，孟获向曲靖方向撤离。诸葛亮为了攻克“姚州三县”，在江头建立了军营，北边这个营盘是主帅营，南边这个是中锋营，我们所在这个位置是先锋营。诸葛亮设三个营盘主要是考虑到初入蜻蛉夷区，人生地疏，军马疲惫，孟获南逃，怕他反扑，同时防止当地的少数民族作乱，由此在这里筑营防范。

诸葛亮的南征，平定了各种割据势力，统一了大西南，缓解了南中地区的民族矛盾，在南中地区各民族心中留下了美好而深刻的记忆。今天在大姚、武定、永仁、元谋等彝族地区还流传着许多关于诸葛亮的故事传说。

江底河

“桥横天险千年永，客汇三潭万里来。”道路和桥梁自古以来是社会经济、技术、文明发展的重要标志。江底河大裂谷是西汉以来南方丝绸之路连接四川与云南西南部到印度、缅甸的交通要道，也是最为陡峭崎岖的天险。古代江底河设有驿馆和食宿站，路人到此都要吃饱喝足，备好骡马草料，才能翻越大山赶路。如今南（华）永（仁）二级公路江底河大桥横跨蜻蛉河，“一桥飞架南北，天堑变通途”。南永二级公路是楚雄彝族自治州新中国成立以来自行组织建设、投资规模最大的第一条高等级公路，起于南华 320 国道，连通姚安、大姚，连接永仁县城至108国道，全长143.3公里。南永二级公路有控制性隧道3座，桥梁74座。我们现在看到的江底河大桥，号称“彝州第一桥”，是南永二级公路上唯一一座大桥梁。它运用了中国古代的造桥原理，结合现代的科学技术，建造成为钢混结构单孔双梁圆拱桥，桥面长221.25米，桥宽10米，桥高95米，主孔净跨150米。江底河大桥建成，把赵家店乡至永仁老槐哨的公路里程缩短了近30公里。它横卧在江底河大裂谷之上，像一弯初升的新月，也像一抹山间的彩虹，形成咪依噜风景区一道亮丽的景观。该桥刚建成就有成千上万的人前来观光，走过江底河大桥，将会给每一个人带来前途无量的好运。

橄榄坡

这个景点叫橄榄坡。它之所以叫橄榄坡，是因为这个山坡上自然生长着一万多株橄榄树，密密丛丛地遍布山冈。春夏之交，橄榄开花的时候，清香四溢，沁人心脾。秋冬时节，一串串橄榄就像绿色翡翠挂满枝头，珠圆玉润，青翠欲滴。摘一枚橄榄含在嘴里，轻轻地咬上一口，再喝上一口山泉水，顿时满口溢香，酸甜可口，回味无穷。世界著名画家毕加索描绘鸽子口衔橄榄枝象征着和平，橄榄枝也是彝族人民吉祥如意的象征。橄榄有消炎利喉，生津解渴，解毒的功效。宋代诗人苏轼曾经写过一首关于橄榄的诗句：“纷纷青子落红盐，正味森森苦且甜。待得微甘回齿颊，已

输崖密十分甜。”

情人谷

情人谷是彝族姑娘、小伙幽会的地方，大家可以在这里尽情地玩耍。这里不但可以约会心爱的情人，而且还是一个天然“大氧吧”。负氧离子数量是衡量空气质量的重要标准之一。据世界卫生组织的规定，负氧离子的浓度每立方厘米不低于 1000 至 1500 个的，为清新空气。大家知不知道什么叫负氧离子？简单地说，负氧离子就是捕获电子的氧分子。咪依噜风景区处于原始森林之中，它的负氧离子可达到每立方厘米 2000 多个，比城区高出 5 至 10 倍，而室外又比室内高出 2 至 3 倍。医学界认为，负氧离子可经过呼吸道或皮肤刺激引起神经反射，影响人体全身各系统，能促进新陈代谢，预防流感及增强机体抗病能力。另外，空气中的负氧离子还能去除尘埃，消灭病菌，净化空气。所以，这里也是城市人远离喧嚣的一个世外桃源。

永仁方山旅游景区

各位朋友，大家一路上辛苦了，现在我们已进入方山旅游景区了。永仁方山是国家AA级旅游景区，位于滇川交界的云南北大门，滇川大通道上。地处攀西六盘水地区，攀枝花火炉，元谋热坝，永仁热谷区的中心。距永仁县城区16公里，距攀枝花市48公里，距元谋县城50公里，海拔2200～2377米，地理坐标为：东经101°15′8″～101°49′36″，北纬26°03′5″～26°12′11″，面积15平方公里。

方山因其四面视之皆平整方正而得名，自古以来是我国西南众多名山之一，滇川边界的佛教圣地，更是历代兵家必争之地，也是南方古丝绸之路的途经驿道，自古为滇蜀往来大道。方山风光秀丽，气候温凉，山岳磅礴雄伟，泉水清凉甘甜，金沙水路环绕山脚，成昆铁路穿山而过，108国道横贯山腰。具有独特的山体造型、人文景观及地理气候和区位优势。

方山景区自然环境优越，动植物资源十分丰富，森林覆盖率达70%以上。据不完全统计，共有乔灌木植物47科140余种，动物药材7种，植物药材29种，野生动物有蟒、巨蜥、猴、岩羊、林麝、白腹锦鸡等60余种。景区内有古树、稀树、古藤，巨石、奇石、怪石，传说、

民俗、遗迹，题字、诗文、摩崖石刻等人文景观丰富，集险峻、古朴、幽雅秀丽于一山，融山川、自然、历史、人文、宗教、民俗于一炉，素有“天然氧吧”、“佛教名山”、“诸葛胜地”之美誉。整个方山由“诸葛哨所、方山寺庙、仙人谷、诸葛村、森林风光、休闲娱乐”六大景区共42个景点组成，全区景点布局合理，是避暑、疗养、度假、休闲、旅游观光、探险、科学考察的理想之地。1982年被列为州级自然保护区，1993年被列为省级风景名胜区，2001年被列为国家AA级旅游区。

诸葛哨所

望江岭： 各位游客请看，这个小亭就是当年诸葛亮观察敌情的烽火台遗址上建的望江亭。望江亭栏外即为攀枝花市，登临其地，一眼望三江，两省（四川省、云南省）三地（楚雄、攀枝花、凉山）尽收眼帘，颇有一统江山雄浑之感。望江望岭望白云，观古观今观天地。108国道横贯山腰，金沙江水蜿蜒东去，成昆铁路沿江飘远，早起观日出，万水千山，烟波浩茫，朝霞无限，景色蔚然壮观，为方山第一景。清朝贵阳知府刘荣黼游玩方山，登望江岭曾赋诗一首《方山望江岭》：

万仞岩头俯视波，滔滔不息奈忙何？
昆明对岸手峰挽，越嶲分疆一带拖。
风月易新同草木，古今未改此山河。
畴边拓土人多少，云卷风驰顷刻过。

诸葛营遗址： 诸葛营遗址位于方山东麓。相传诸葛亮当年从成都出发，带领三千精兵经越西平邛都，过会理直插金沙江，在拉鲊渡口过江后，继续南下。当时正值滇境最热的季节。将士们不适应江边酷热的天气，过江后大都中暑生病。诸葛亮派人向前搜索，寻找可以休整的地方。搜索小队来到方山，只见山上古树森林，浓荫蔽日，清泉甘甜，气候凉爽，而且山势雄伟，居高临下，四周一览无余，是难得的战略要地。诸葛亮闻报后大喜，急令部队在方山安营扎寨。诸葛亮命部队掘土筑壁，在山上挖了很多火坑，打了很多石碓窝。一天，两万多敌军追杀而来。敌军势大，寡不敌众，诸葛亮下令士兵烧起灶火，架锅煮饭，一时方山各处炊烟袅袅。追兵大惊，不知山中有多少人马，又见方山地势险要，易守难攻，迟迟不敢进攻。后来敌兵派少量精兵深入侦察，见到处都是舂米的石碓窝，四面灶火兴旺，士兵们井然有序，无半点惊慌之状。他们以为蜀军势大，各处皆有伏兵，便无功而退了。

诸葛亮的镇定，又为蜀军赢得了一次战机。诸葛亮率部在方山休整两个多月，拔营而去。营址虽经千年的风雨剥蚀，其轮廓仍依稀可辨。诸葛亮在方山重演了一场“空城计”，吓退了十倍于己的追兵，这一传说为方山胜景增添了传奇的色彩。遗址分三道城墙，刚好扼住古驿道之姚巂道咽喉，城墙长 356 米，高约 3 米，厚 2.4 米，用黏土夯成。墙外有壕堑，年久失修已基本淤平，正印证了诸葛营的历史。直至 1400 多年后的清朝年间，方山仍是军事要地，清政府不断完善工事，驻兵近十万。据载：清乾隆三十一年（1766 年），阿文成公桂为将军，由金川移军征缅甸途中驻此，令兵士构筑工事，掘废垒基时，得三国铜鼓两面，又于营侧饮马池内掘出铁柱一

根。嘉庆年间，有人又在此得铜鼓两面，“其形如瓦缶，周围有蛙蛤之形，击之不甚鸣，惟置之流泉之中，水激其心则声甚励”。道光《大姚县志》载：“在方山麓马鞍山有土城旧基，指为武侯营垒，又苴跛江亦有废垒，指为诸葛营，又江岩绝壁，上下数十丈中间，人不能到处嵌碑形，传为武侯阵图也。”道光年间广南府训导王安廷慕名游历了方山之后，曾作《苴却怀古》云：

绝塞蜻蛉汉著名，当年问路此南征。
荒营处处埋铜鼓，野菜家家种蔓菁。
天贵遣一江争险要，户存十马验兹生。
风流我欲瞻遗像，那得祠堂似锦城。

比丘尼塔：比丘尼在佛教中俗称“尼姑”，比丘尼塔即“尼姑坟”。比丘尼塔上圆下方，近似磬棰形。下层为六柱体，又分二层，基础层六边形，雕有云雷花纹。二层六柱体每边雕刻犀牛、麒麟、莲花、鸟兽等图形，工艺精湛，完好善存。三层为四边形，飞檐掩盖六柱体，中间留圆内空洞，上面覆盖六层圆形石，逐层都留中间空洞空隙，分层叠砌，呈磬棰体。顶层石外缘雕莲花瓣花纹，中留圆形石孔，约 15～20 公分，塔高 2.6 米，占地 20 平方米。全塔掩映在苍松密林，绿树环抱的幽静之中。

塔右侧有一古墓，为云公和尚墓葬，墓前有一楹联，书：青山绿水出古秀，万代垂城百世新。尼姑与和尚同葬一地，这在佛教圣地是少见的。比丘尼塔和云公和尚坟背后流传着一个悲壮动人的爱情故事。

响鼓箐：各位游客，如果感到快乐你就跺跺脚，有细心的游客已发现了，脚底下“咯咯”作响，这就是奇特的响鼓箐。据说是当年诸葛孔明在方山安营扎寨之后埋下的铜鼓。当敌兵追到此地时，突然地下响起“咚咚”的战鼓声，以为又是诸葛亮布下的大阵，吓得追兵魂飞魄散，慌忙逃下山去，实为追兵踩到地下铜鼓的响声。从这一故事我们足以感受到当时诸葛孔明的军事才能。

犀牛塘：与响鼓箐、活佛寺接临，修有“犀牛望月”池。传说中真正的犀牛塘是一个终年不涸的方塘，池水清亮宛若镶嵌在森林绿荫之中的一颗明珠，周围土地肥沃，芳草鲜美。天宫中的犀牛神被方山的奇秀景色所吸引，便下凡来到方山，遁入水池，作为休息养心之所。自从这犀牛神安居于方山之后，它造福于一方，凡牲畜，只要饮过该塘中的水，都会长得膘肥体壮。

由于有了犀牛塘，永仁县境内牛马成群，繁殖兴旺，牛市也越来越大，永仁牛市成了云南最大的牛市之一。

方山寺庙

静德寺：静德寺位于方山之巅的立象峰上。静德寺始建于元代延祐三年（1316 年），由方山佛教开山祖师岭南禅师创建，是楚雄州内最早传播佛教文化的名山。关于静德寺还有一个传说，据说有一位半人半神的游方禅师，姓吕名南，他为了寻找一块可供其修炼的福地，云游四方。一天，他到了苴却（永仁地方）北面的一座高山上。这座高山，就是紧靠金沙江，山顶形同桌面一样方方正正的方山。只见方山悬崖峭壁，古木参天，泉水汩汩，奇花异草如茵似锦，龟在这里安家，鹤在这里栖息，是一方佳境福地。吕南决心在这里建寺修行，但这是高土司的地盘，须征得他的同意方可。当吕南向高土司说明来意后，土司深知方山乃“藏龙卧虎之地，龟鹤延寿之山”，不想让吕南在山中建寺，便故意刁难，要吕南给他治理山下妖风为建寺条件。因高土司有山下的大片土地，每年稻椒成熟时都要被妖风卷走。吕南用道术镇住了妖风，又用金钵罩住了兴狂的乌龟精，最后把乌龟精变成了石乌龟。但高土司仍不愿让吕南在方山建寺，想用金银打发了事。吕南说：“金银我不要，只要一块宅基地。”高土司问要多少地可做宅基，吕南回答只要一袭袈裟大小即可。高土司终于同意。哪知吕南脱下袈裟，向空中抛去，顿时变成一朵彩云，彩云冉冉而下，罩住了整个方山。高土司后悔了，他要吕南继续跟他赌一场金针穿金币的游戏，想以此为难禅师。他派人把金币埋在一座寺庙的地基下三尺，要吕南以金针穿金钱之孔。吕南毫不费力地做到了。无话可说的高土司，只好将方山让与吕南建寺，这就是方山静德寺来由的传说。如今，在静德寺大雄宝殿前，还有一副楹联，对方山开山祖师吕南建寺传说进行了描述：

吕南游僧一领袈裟遮圣地杖穿钱眼奠宝刹，
我邑名山八景殊绝胜神工磨龙转穴兴佛堂。

当时寺院规模宏大，共有三重佛堂（大雄宝殿、金刚殿、藏经楼），九个天井，大小房屋36幢126间，佛像108尊，寺僧曾达800名。每年三次佛教盛会（即观音会、太子会、月光会）川、滇、黔诸省香客云集方山，终日钟鼓声声，庄严肃穆，青烟缭绕，如此鼎盛时期曾长达600余年。清咸丰九年（1859年）寺院遭火焚，民国十二年（1923年）重建。后来，整座寺院建筑毁于

“文化大革命”。1992 年方山开发后，静德寺在原址上恢复重建。现在已建成的静德寺，占地 37.68 亩，有天王殿、金刚殿、大雄宝殿，大小佛像 18 尊，建筑面积 3700 平方米，寺内有古柏、青冈栎、滇楸木、孔雀杉等元、明时期种植的国家级保护植物数百株。

观音寺： 观音寺位于方山中部，始建于元朝泰定四年（1327 年），每年的农历二月十九日、六月十九日、九月十九日观音会这天，都会有数万众的香客前往，可惜，毁于“文化大革命”时期。1992 年方山开发后，重建了观音寺，寺院坐北向南，占地 900 平方米，有大小房屋五幢，塑像 8 尊，寺内外古柏参天，花草芳香。如今的观音寺烟雾萦绕，香客云集，实为福地。

活佛寺： 活佛寺位于方山东南岭岗顶部，始建于元朝，传说活人变活佛，得名活佛寺，毁于“文化大革命”。

2001 年比丘尼释明照在文莱国弥托法师的资助下，重修活佛寺。活佛寺正殿供奉有 11108 尊佛，称“万佛殿”。殿正中供奉释迦牟尼，迦趺于莲台上，神态端庄安详，披挂袈裟，垂目下视，灵光四照。佛祖左侧站立着得意弟子迦叶和阿难，佛祖后墙上用龛台装饰嵌入 11105 尊小佛，金光闪闪，构成万佛众中一佛二弟子组像。天井内设一莲池，滴水观音菩萨立于莲花丛中，宛如从莲花瓣内脱出，亭亭玉立，给人以无穷无尽遐想于天地之间。弥勒佛在大门过道处，笑口常开，笑迎走进寺院大门的朝拜徒，笑观古今天下，笑看俗世凡尘。

金刚舍利塔： 1998 年 8 月，一位泰国禅师来到方山，在一次禅定中，脑海中涌现出一座金刚舍利塔。禅师得

知此塔将来会利于芸芸众生，便发愿修建金刚舍利塔。2006 年 4 月在活佛寺大殿后正式开工建金刚舍利塔，占地面积 200 平方米，高 23 米，塔基直径 5.9 米，塔内内壁设龛台，安放金刚舍利子。塔中塑阿弥陀佛像，塔内的佛像四周可供弟子礼佛、念佛、绕佛。塔外回廊可供绕塔或禅座。

仙人谷

仙人谷是方山森林峡谷观光的核心景区，保存有原始森林的特征，古树、稀树、古藤遍山，巨石、奇石、怪石林立。集中了许多如梦如幻，神奇幽深的传说，有大量的涉仙景点，主要景点有仙龟出洞、万年灵芝、仙女潭、弈仙台、登仙岩、五仙居（五老居）、七星漏天、珍珠叠瀑、幽涧鸣泉等。谷内峭壁怪石突兀、古树藤葛虬结、花卉苔藓葱郁，山涧清泉潺潺、万鸟争鸣不竭、摩崖石刻随处可见，集自然、人文景观为一体。是探险、寻宝、健身、修身养性的绝佳之地。

苦荞箐：在苦荞箐，各种摩崖石刻随处可见，其中有“天下第一荞粑”；明末时高奣映游方山时，写下《方山说》，其中对方山的赞美之词“诸山亦不能敌，斯山于肩臂矣”；1639 年徐霞客游方山，题“蜀滇交会之嶺骈拥天地”石刻题字，充分体现出方山的雄伟气势。

千年古藤：藤景为仙人谷一大胜景，遍谷均有藤条缠绵。粗如挺拔的云南松，细如缝制衣服的线，形状更是千姿百态。有的缠着树梢而上，有的盘绕于树间，有的生于石上，有的相互缠绕。漫步谷中，让你目不暇接，尽享大自然的乐趣。

孔明洞：这就是神秘的孔明洞，位于方山仙人谷中。洞深不可测，洞中有很多岔洞，走一段便会有两个乃至数个岔洞，沿洞向前行，能看到清水塘、石台、石雕、石灯台。当年诸葛亮曾在洞内绘制布阵图，作出重要战略决策，故称“孔明洞”。听诸葛村人说，曾有人到洞中走了一整天都走不到尽头。一次人们放一条狗进洞，第二天才看见从山那边的攀枝花平地镇出去。

马槽地：马槽地位于仙人谷下方、方山腹地中。深入此地，方山雄踞前方，有被方山深深拥抱之感，才发现美尽藏在大山中。现有一农家在此开发种植了大片果树。待到盛果期后，硕果累累、鸡犬相闻，置身于此，仿佛世外桃源。

珍珠滴水岩：珍珠滴水岩位于方山仙人谷中，周围古树虬结，藤葛牵缠，泉水自山岩涌出，飞流直下，溅起万斛珍珠。若遇夏秋时节，山水大增，则瀑布泉流水跌入岩下深潭，一片轰鸣，震耳欲聋。潭上水雾升起，在阳光照射下幻出道道彩虹，蔚为奇观。

登仙岩：这个崖十分奇特，它高约数十丈，悬崖峭壁，倒木悬空，高高的陡崖垂直而上，不倚不靠，孤立突出，崖头向东伸延，在靠崖顶处有三台石台阶。传说只有极幸运的人才能看见从崖脚到崖头的石台阶，只有功德显著，修行很深的人或兽道行圆满后才能从此处登梯上天成仙，故名登仙岩。

仙女潭：仙女潭位于仙人谷中，泉水击石，汩汩淙淙，潭水清澈见底。两侧，悬岩绝壁，树木繁茂，野花丛丛，唤起了方山多少的生机，又给予了方山多少的灵

气，传说中美丽圣洁的七仙女就在此沐浴。

弈仙台：弈仙台位于仙女潭之上，为方山最为奇特的巨石之一，石面平整，有十多平方米，估计有上千吨重。传说是当年逍遥仙吕洞宾和铁拐李在方山下棋乘凉的地方。据说这是吕洞宾用一颗棋子变的。吕洞宾和铁拐李游玩至方山，觉得方山空气清新凉爽，便在这里停留乘凉，下棋论道。但在仙人谷这个地方没有一块适合下棋的地点，于是吕洞宾就将随身携带的一颗棋子抛在仙女潭里，那颗棋子立刻就变成了一块巨石，成了一个天然的乘凉歇脚之地，于是吕洞宾和铁拐李二人便在这块巨石之上对弈起来。为方便二人经常到方山下棋对弈，这块巨石就永远留在了方山，故名“弈仙台”。

仙局：仙局位于方山仙人谷的石壁上。古志载：仙局在方山，石枰中列有石子。人有取之者，至中途忽失之，回视枰上，原子犹存。后人称孔明博局。

仙龟出洞：“仙龟出洞”因其一块天然的岩石，酷似仙龟刚刚从山洞里探出大半个身子的样子而得名。仙龟上方有一朵灵芝石，称万年灵芝，传说是龟吃了灵芝才成仙的。1992 年，时任楚雄州州长罗正富（现任中共云南省委常委、常务副省长）到方山调研，来到此处时，感到景色宜人，颇有“灵气”，遂题“仙龟出洞”。

七星桥：七星桥位于方山南部山谷，原有一座石拱桥横跨溪流之上，是古丝绸之道姚嶲道必经之桥。山谷古木参天，藤蔓缠绕，枝叶交错，遮天蔽日。晴日漫步桥头，仰望天空，只能窥见七束金光穿过枝叶缝隙，射向谷底，宛若七颗明星悬于树梢，故有“七星桥漏天”之说。桥畔石壁上刻有民国十四年永仁第一任县长赵韩

文所题“漏天”，以及后来历任县长李嘉策（大理云龙县人）、张渭清（玉溪华宁县人）等均为七星桥题字：“豁我清机”、“可以悟机”等斗大草书，或浑厚凝重，或清丽端方，雕刻于壁上至今清晰可见。

诸葛村

诸葛村位于方山西南部，依山傍水，环境优美。公元225年，南方蛮人叛乱，诸葛亮从成都率兵南征，在四川省平地拉鲊渡口渡江，当时正值南方最热的时候，由于天气酷热，加之长途行军，过江后蜀军大都中暑生病。诸葛亮见方山自然环境及地势极佳，便在方山休整，准备等士兵康复后，再继续南征。休整了近一个月后，诸葛亮觉得方山地势险峻，为兵家要地，加之方山景色美丽、土壤肥沃，遂决定留下一些士兵在方山繁衍生息，镇守滇川，由此形成了的一个自然村落，现仍遗留有部分当年的生活用具和物品。至今，全村共有 73 户、243 名村民，有小（二）型水库 2 座，以种植萝卜、洋芋等无公害蔬菜及桃、李、梨、板栗、樱桃等水果为生。

古房（石头房）：诸葛村的村民住房多为清朝时期建盖的石头房（在当年诸葛士兵用石头垒起的房屋基础上修整完善的）。墙体全部以石头为基本材料，有的用毛石块堆砌而成，有的用加工精细的条石砌成。石墙青瓦，质朴简洁、古貌遗风，冬暖夏凉，加上诸葛村四周风景优美，使人置身于此，便流连忘返。

小长城、烽火台：225 年，诸葛亮在方山休整时，为防敌军偷袭，在诸葛村南面的最高处修有长 63 米、宽 42

米的烽火台一座。由北至南沿山修筑有一条长500米、宽2.4米的小长城。漫步小长城，登上烽火台，仿佛置身于那遥远的兵荒马乱的战场。

冢三塔：冢三塔位于诸葛村东面，它们是方山岭南之丛徒、接代的德高望重的住持名僧建的三座塔墓。冢三塔由墓碑、墓塔组成。中间墓塔的碑高3米，宽1.2米。三碑阴刻着三位高僧的行述、德泽和威望，还记述了他们的法名、俗名、住址、生辰和大限。“文化大革命”中塔碑俱毁。

茶马古道：茶马古道位于冢三塔下方，起源于唐宋时期的“茶马互市”。因康藏属高寒地区，以糌粑、奶类、酥油、牛羊肉等高脂肪食物为主食，而内地盛产的茶叶可以分解脂肪，但藏区不产茶，内地却需要大量的骡马，于是，具有互补性的茶和马的交易即“茶马互市”便应运而生，并随着社会经济的发展而日趋繁荣，形成了这条延续至今的“茶马古道”。方山上留下的这段便是连接川藏线的必经之路。

赛装广场：赛装广场位于诸葛村西面，占地面积5000平方米，是节日及庆典时的公众场所，特别是到了农历正月十五这天，从四面八方赶来的身着彝族盛装的男女老少都会在这里进行服饰展演，届时会有大批外地游客和摄影爱好者前来观光、采风。

人行吊桥：人行吊桥位于民政宾馆下方，它横跨五老居水库沟箐，长约130米，宽1米，为四索吊桥，行走之上，惊险刺激不言而喻。

四季果园：四季果园为诸葛村第一景观，方山常年盛产桃、李、梨、樱桃、枣、山楂、苹果等水果，各种

水果应有尽有。按照水果成熟的季节不同，分为：春园、夏园、秋园及冬园。春季桃李争妍，夏季枣花飘香、蜂蝶飞舞，秋季硕果累累，四季可赏花、四季可尝果。

农业生态观光：方山具有得天独厚的自然气候条件，泉水清澈，果蔬甜美。诸葛村种植的主要经济作物有萝卜、洋芋及各种无公害蔬菜。在这里可观高山生态农业，忆五千年农耕文化。

农家乐：方山诸葛村农家乐特点鲜明，以原生态饮食为主，农户均以村里自养的生态鸡猪牛羊、蔬菜、果类招待客人，别有一番风味。“方山萝卜万马羊，山猪火腿土鸡香。苦荞粑粑蘸蜜甜，五谷杂粮益健康。”这里依山傍水、环境优美、空气清新、景色宜人。在这里会让你欣赏到旖旎秀美的自然风光与淳朴敦厚的田园风情交汇糅合，享受到吃、玩、观、赏全方位的热情而周到的服务。

森林风光

森林风光位于方山北部。其生物资源较为丰富，覆盖率达70%以上，为滇中重要州级自然保护区之一。主要保护对象为云南松森林植被。乔木类主要有云南松、油杉、华山松、思茅松等47科140余种。灌木以白花杜鹃、马缨花、山茶、栎类灌丛为主；草本植物有旱茅、白茅、龙须草等。各种中药材133种，除乔、灌木药材外，尚有菌类药材5种，动物药材7种，寄生植物药材2种，藤本药材14种，蕨类药材6种，地衣类药材4种。此外，该区还拥有丰富的野生动物。野生兽类有蟒、巨

蜥、林麂、穿山甲、岩羊、野猪等；野生禽类有雀、鹰、喜鹊、画眉等数十种；水生动物有细鳞鱼、木头鱼、马鱼、石巴子等等，类型丰富，品种多样。是观光、徒步健身、探险、科学考察的理想之地。

森林迷宫：森林迷宫位于方山北部。这里林海茫茫、松涛阵阵，岔路纵横交错，一到雨季，大雾笼罩，加上森林茂密，就像当年诸葛亮布下的迷魂阵，时有游人迷路至深夜，故称“森林迷宫”。

诸葛营埂：诸葛营埂位于方山西北部，面临悬崖峭壁，地势险要。可见由南向北沿山脊，用不规则石头砌成的营埂，长约近千米。它是225年，诸葛亮在方山时修建的士兵宿营的地方，现仍有大量石臼窝、灶坑等遗迹。

神女峰：神女峰位于方山北部。从经过方山山脚北面的攀昆高速路（攀枝花—昆明）上视之，其姿其情，宛若少女翘首远眺，望眼欲穿，故名“神女峰“。神女峰是方山的最高峰，峰顶海拔2377米。

方山天池：方山植被茂盛，独特的气候条件，形成了山有多高，水也有多高的奇丽景观。在方山北部、海拔2200余米的地方有一口天塘，塘水不溢不涸，后因山下农民生产需要，在此修建小（二）型水库一座，俗称“天池”。绕池游览，但见岭松泼绿、红桃映彩、飞鸟留踪，青山碧水，藏纳一池人间异景。

方山坪：方山坪位于方山北部（县广播电视转播台上方），在一片茂密的森林中，有一块方圆近10亩的草坪，春夏季节山花烂漫，绿草茵茵，景色尤为美丽，是休闲、野炊、露营的好地方。

休闲娱乐

在方山中部，有宾馆、山庄6家，是休闲娱乐、会务旅游、体验民族风情的绝佳去处。

方山宾馆：也称“避暑山庄”。宾馆建于1995年，占地面积16104平方米，建筑面积2758.6平方米，现已按三星级标准进行了重新改造装修，有客房40间、床位102个，有可容纳100人的标准会议厅一个，容纳30人的会议室2个，有棋牌室5间。并在宾馆内新建了9处美丽的水景观，使之成为一个集会议、培训、娱乐、食宿、体验民族风情为一体的综合性接待服务场所。

火塘铺山庄：顾名思义与“火塘”有关，“火塘文化”是彝族特色文化，所以它是彝族特色山庄。山庄建于1995年，占地1986平方米，建筑面积956平方米，现有客房25间、床位50个。我们一进门就会发现它的建筑、装饰与众不同。看那一串串金黄黄的玉米、红灿灿的辣椒，多么令人神往！在这墙上绘制的壁画——“阿哥阿妹跳脚来”，每一幅各具特色，让人不由地想翩翩起舞。

犀牛塘宾馆：犀牛塘宾馆位于方山东部，与望江亭、诸葛营、活佛寺接临。于1995年建成，占地2194平方米，建筑面积1980平方米，楼前设有“犀牛望月”池。馆楼掩映在青松林中。在犀牛塘宾馆清晨漫步，登望江亭观日出，晨晖壮丽；闲步漫游，看诸营遗址，感叹诸葛亮“七擒七纵”的宽大胸怀；活佛寺晨钟暮鼓，惊醒你腐庸迷离的美梦遐想，是人们纳凉解暑、休闲娱乐、修身养性的绝好佳境。

福山草堂：福山草堂又称“诗绿尔”度假村。位于方山中南部，依山傍林而建。1994 年由邑人彭福珊先生筹资建设。占地 2400 平方米，建筑面积 1500 平方米。前临静德寺，后靠方山椅，山前观云，山后探松，夏日避暑，冬季赏雪，食、住、娱乐等各类服务设施齐全。建筑风格仿彝族土掌房式样，具有一定特色。在草堂下方，有唐代碑刻一块，名“乌龟碑”：碑高丈余，宽 1.3 米，上书“诗文之家”四个斗大颜体行书，以石碑嵌在一巨雕背上，碑和石分别由整块巨石凿成，形似传说中的大海龟，当地人俗称乌龟碑。据说高奣映（当时云南有名的文人）的诗文稿也葬在下面。

民政宾馆：民政宾馆又称“军地两用人才培训中心”。由县民政局筹资建设，占地 4327 平方米，建筑面积 1180 平方米。宾馆左靠“花卉园”，前面是观音寺。院内山茶花、樱花竞相开放，四季不断的鲜花让游客陶醉，是方山赏花的最佳首选地。

攀鑫宾馆：攀鑫宾馆位于方山中北部，由攀枝花市和永仁县的两家企业联合投资建设，占地 3100 平方米，建筑面积 1960 平方米。规模较大，设有住宿、歌舞厅、小会议室等休闲娱乐设施。

花卉园：花卉园位于静德寺西隅，观音寺后山凹。1996 年永仁县政协修建，占地 20 亩。先后引进种植国色天香牡丹 85 个品种 9 色 1700 多株，以及山茶花 9 个品种 140 余株，樱花 100 多株，各种花卉 2540 多株，一年四季可赏花。

元谋土林旅游景区

各位朋友，欢迎到土林旅游景区。元谋土林、路南石林、陆良彩色沙林和版纳雨林合称为云南旅游的“四林”，土林在我国的许多地方都有分布，比如四川西昌、新疆叶成、甘肃天水等地，但是它们的规模大小，密集程度，典型程度都不能跟元谋土林相提并论，元谋土林可谓是“地上仅有”。各位游客请同我一起进入这鬼斧神工的土林去游览一番吧。

20 世纪 80 年代初，元谋物茂土林被作为云南省“第二批风景名胜区”推向社会，在社会上产生了强烈的反响。2004 年成功转让给昆明艺嘉旅游规划设计有限公司开发经营，该公司接手后，坚持高标准规划，大手笔投入，精细化服务，在短短的两年时间内累计投入 3000 多万元资金，对原有的宾馆、大门、停车场、旅游路线等基础设施进行了全面的改造。新建了窑洞宾馆、游客中心广场、景区入口大门、大型餐厅、茶室及购物等配套服务设施，使景区的服务设施大为改善。2005 年 9 月，土林景区通过云南省 AAA 级的评定。2007 年 1 月开始，土林景区正式开展云南省 AAAA 级景区创建工作，并于 11 月 17 日通过省旅游局的初评。2007 年 1 ~ 11 月，景区接待中外游客 18.45 万人次，实现门票收入 196.31 万元，

同比分别增长 148.99% 和 82.7%。著名导演张艺谋、陈凯歌分别在土林风景区拍摄了电影《千里走单骑》、《无极》。目前，土林景区已被确定为“中国元谋影视基地”、“中国摄影家协会摄影创作基地”和云南省 12 所高校“教学实习基地”，2007 年 1 月，土林景区为全国 100 个“中国魅力景区”称号之一。

元谋土林分布在元谋县西部和西北部的百草岭山脉余脉，蜻蛉河、勐冈河、班果河沿岸，总面积 43 平方公里。土林在元谋盆地广泛分布，类型齐全，规模宏大，在云南乃至全国十分典型。

关于元谋土林的成因，许多专家通过对地质进行考察分析后认为：170 万年前的元谋境内河流纵横、湖泊密布、水草肥美、森林茂密、动物繁多、气候温和、物产丰富，是人类祖先从猿到人繁衍的摇篮。后来，由于环境突变，河流带来的大量泥沙、砾石填没了湖泊，毁灭了原始部落赖以生存的环境，同时，也将生存于此的古人类、古生物埋藏于地下而成为历史。随之而来的新构造运动和岁月风雨，将此地侵蚀、切割、冲刷成千沟万壑，从而形成形态奇异的特殊地貌，成为奇特的自然景观。这就是大自然鬼斧神工造就的“艺术博物馆”，也有人称它为“天然地质博物馆”。

元谋土林属于地质新生代第四纪砂砾黏土沉积岩，这一地层岩层倾斜缓，有利于保持岩柱稳定。由于这个层位有较多的膨胀土成分，雨后泡水体积膨胀，干季失水体积缩小。同时还由于元谋土林正处于砂砾岩内，铁质皮壳与粉砂岩、黏土层软硬相间，沿软岩层凹进，硬岩层突出，不断地发育成长。就是在这样特殊的地质条件下，经过亚热带地区长期的烈日暴晒、雨水冲刷、切割，才形成这一自然奇观。地质地貌学家对元谋盆地进行考察后认为，元谋土林在地质时期中，至少发育形成过两次，一次是在更新世（约60万年前）老冲沟堆积前，形成过土林，后来被流水带来的泥沙砾石所埋没，并造成较大的堆积山丘；另一次是在晚更新世（约15万年前）新冲沟堆积前，形成过土林，也因泥沙砾石所埋没，堆积造成更大的山丘，又孕育着新的大面积的土林。

元谋土林的基本构成是一座座黄色的土柱，土柱的顶端大都呈圆锥形，或扁平形，柱的顶端犹如戴了一顶顶土帽。据考证，土柱表层物质被风雨等外力剥蚀、运走，沉积层中的铁、钙质凝结为坚硬且不透水的胶结层暴露出来，形成天然顶盖——土帽，使得土柱受到相应保护，因而不易倾倒。如果说水土流失是土林形成的主要原因，那么“土帽”则使成型的土柱能够岿然独存。

元谋土林以虎跳滩、班果、新华、湾保等地分布集中，保存完好，面积较大，具有较高的观赏游览价值。而马吼、湾保、白泥湾、罗岔、小罗宰、甘棠等地的土林面积小，发育不典型，分布稀疏。

物茂虎跳滩土林

物茂土林位于元谋县物茂乡罗兴村委会，距县城36公里，又称虎跳滩土林，总面积8平方公里，所在地海拔为1050～1200米之间，发育于一套河流相间砾石层、沙层夹黏土层的地层中。主要由一条主沙箐和34条幽谷组成，分为4个片区，有主景点9个，小景点127个。物

茂土林旅游资源十分丰富，千奇百怪的土柱造型、深远宁静的幽谷地缝、高悬半空的洞穴天门、原始粗犷的沙沟荒漠、怪模怪样的五彩奇石和种类繁多的远古植物化石，组成了景区内丰富的景观。单体造型生动逼真，高大雄伟，独立成章。景点分布密集，沿冲沟发育，形态多以城堡状、屏风状、帘状、柱状为主，土柱高低不一，错落有致，一般高度在 5～15 米之间，最高达 42.8 米。正是由于大自然的鬼斧神工和精心雕琢，造就了千奇百怪的沙雕泥塑和诡异迷离的地质地貌，构成了元谋土林这座令人神往的艺术殿堂。

明崇祯十一年（1638 年）十二月，我国著名旅行家、地理学家徐霞客游至云南元谋时，记述了土林的景色："涉枯涧，乃蹑坡上。其坡突石，皆金沙烨烨，如云母堆叠，而黄映有光。时日色渐开，蹑其上，如身在祥云金粟中也。"20 世纪 60 年代以来，物茂土林的地质地貌，吸引了众多的国内外地质、文物、考古工作者来这里研究，第四纪地质和远古人类在这里孕育诞生；也让无数中外游客及摄影大师手中的相机在这里闪光定格。远看物茂土林，全景犹如一片莽莽的原始森林，生机勃勃，近看似一组工程浩大的艺术群雕，又像是一幅幅精美的壁画，千姿百态，别具一格。进入土林，可寻到贪婪的"小熊"、沉睡的"卧狮"、高大的"骆驼"、开屏的"孔雀"、机灵的"小猫"、顽皮的"小猴"、南飞的"大雁"、凶猛的"虎豹"、报晓的"雄鸡"……群体组合更是别有风采，有的似法国的凡尔赛宫、欧洲的古城堡、万里长城的烽火台；还有的像繁华城市、热闹的乡村、宁静的宅院，无奇不有，无奇不像，任你发挥灵感，

想象土林中的各种形态。走进土林，仿佛走进了“天然原始博物馆”，走进了令人神往的艺术大殿堂。

新华土林

新华土林位于元谋县城西 33 公里处新华乡境内，距班果土林 15 公里，地处元谋、大姚、牟定 3 县交界处。景区总面积 8 平方公里，由华丰、浪巴铺和河尾 3 片土林组成。

新华土林高大密集，类型齐全，圆锥状土林发育良好，一般高 8～25 米不等，最高达 42.8 米，居元谋土林单体土柱之冠。在形状上有圆锥状、峰丛状、雪峰状、城垣状等多种形状。雪峰状土林规模较大，高达 40 米；在色彩上，顶部以紫红色为主，中上部为灰色，中下部以黄色为基调，其间夹有褐红、灰白、棕黄、灰黑、樱红等色。

从远处看，就像一座富丽堂皇的宫殿，置身其间，仿佛面对一个远古的梦幻，“念天地之悠悠，独怆然而涕下”的感受油然而生。近看，有的像威严武士，整装待发；有的如锥似剑，直指蓝天；有的如亭亭少女，凝视远方；有的似人物、似动物、似飞禽；有的似万里长城；有的挺拔林立，如华表、似巨笋；有的土柱顶上杂草丛生，或长有野花；有的砂石垒垒，裸露身躯……当然，各种形态的土柱是混杂分布的，这就使得土林形成了丰富多彩，变化层出不穷的姿态，令人叹为观止。放眼望去，惟妙惟肖，栩栩如生。那千姿百态的造型，就仿佛使人进入另一个新奇的天地。黄昏时分，土柱像一个个

白发苍苍的老人，默默注视着浪巴铺的人们……

新华土林周围分布着几个大小不等的水库，浪巴铺水库水清似镜，土林倒映其中，如诗如画。土林中还有几条潺潺小溪，植被较好，竹子、松树、灌木、花草点缀在土柱峰丛间，还可见到野兔、雀鸟等小动物。

在新华土林附近有一个洞，当地人称之为黄莺洞。该洞因黄莺较多而得名。洞由钟乳洞、暗龙潭、蝙蝠洞三部分组成。暗龙潭实为明河谷，是因龙街河水经千百年流淌，将山体冲刷成细长峡谷，河水由 30 多米高的崖顶直泻跌落，形成一个呈漏斗状，约 40 平方米的水潭，水深 4 ~ 5 米，清澈见底。于潭面仰视，直泻而下的山泉，如从天降，给人以身临水帘洞之感。水潭上方是钟乳洞，洞中有形状各异的钟乳石，如一座神秘的宫殿，洞中宽敞，可容百余人，给人以神秘之感。在潭右侧悬崖绝壁上，有两个相互连通的山洞，可容 150 人游览。因洞中有成百上千只蝙蝠出没，故又称蝙蝠洞。进洞探险，令人悚然，有阴森之感。蝙蝠洞有一小洞口与钟乳洞隔洞相望，两洞之间有深潭，风光无限。

游土林一天中以早、晚最佳，土林景区内，日温差高达 10℃ ~15℃。

班果土林风光

班果土林风景区位于元谋县城西部，地理坐标东经 101°46′~101°47′，北纬 25°43′~25°46′，距元谋县城 12 公里，海拔 1100 米，面积 14 平方公里。班果土林中间有一条宽阔的大沙河，河两旁分布着一条条横向延伸的支流冲沟，每条冲沟都似迷宫，如高大的青甲武士，一排排如两军对峙，又似夹道欢迎远方来客光临这沉睡千年的大漠世界。

走进窄小的冲沟，里面却是宽敞的“跑马场”、“练兵场”，沿四周陡峭的坡坎边缘，土柱峰林密密匝匝，形态万千，酷似规模宏大的古建筑群，犹如东南亚的座座佛塔、欧洲哥德式的古城堡、古埃及的狮身人面像、古罗马的大教堂、西藏的布达拉宫、故宫的盘龙柱……数不胜数，目不暇接，任尔充分发挥丰富的想象。而镶嵌在上面的雨花石、云母、硅化木，如玛瑙、宝石，金银般在阳光下闪闪发光，呈现出五光十色的异彩，集古今中外的雕塑、建筑造型艺术，神话般地展现在一条条“艺术走廊”之中。

在距班果土林南部不远处，有华竹大已堡土林，则是另一番景致。这里的土林全部是白色的，远看如岷山千里雪，如云海，似雪原，茫茫一片。近看如宫殿、玉柱、仙鹤、骆驼、野象、菩萨等等，酷似牙雕玉琢而成，色泽皑皑。土林中间点缀着灌木林和草坪，四季常绿，山花点点，令人眼花缭乱。

金沙江龙街渡

各位朋友，大家好！现在我们来到了金沙江龙街古渡。

金沙江古称丽水，因沙中含金而得名，发源于青藏高原唐古拉山主峰，属长江上游河段。青海省的直门达以上称通天河，直门达至四川宜宾岷江口称金沙江，全长2316公里。龙街渡口地处金沙江中段，位于元谋县北部，海拔850米，距县城32公里。优越的自然地理条件，使龙街成为南丝绸之路“灵关道”上的七大渡口之一。

贯穿元谋的龙川江在这里汇入金沙江，将龙街、腊甸、江头一带淤积成一片肥沃的小三角洲，养育着上万生灵。大家请看：沙滩边缘由青石砌成的这一段江堤年代久远，历经沧桑，江堤上元谋热坝特有的酸角树、攀枝花树、黄角芽树像一把把绿色巨伞，构成一条江畔绿色长廊。这一段江堤和绿色长廊正是当年闻名遐迩的龙街渡口。由于历史的变迁、交通运输的发展和城镇建设的扩大，今天，我们看到的渡口正向西迁移，500米外的轮渡、汽车、码头、公路将古渡口抛在了身后，它正慢慢从人们的记忆中消失，因被世人遗忘而显现出衰败、没落和无奈。尽管如此，你千万别小看了龙街古渡，千百年来，它是沿江百里川滇两省商贾往来的主要渡口，往近一点说就是在50年前，我们每天在这里看到的仍然是两三百匹骡马渡江的热闹景象。金沙江沿岸盛产的红糖、花生、药材、大牲畜和大都市的布匹、百货在这里汇合交易或运往昆明、西昌、成都，或辐射到大江两岸。也许你会问：岁月悠悠，难以置信，有何凭证？大家看：这一幢建在江堤上的孤立无援的小平房就是当年龙街渡口的厘金局，按今天的话说就是税务局，渡口专设的收税的地方。厘金局的旁边，这道青色条石铺筑的阶梯通向一座古代衙门式建筑，高高的阶梯面对汹涌澎湃的大江和繁忙的港湾，可以想象出建筑物主人地位的显赫，这是明朝洪武二十四年（1391年）设在龙街渡的金沙江巡检司，六百年的风雨剥离了它往日的威严。1950年，中国人民解放军在这道衙门上摘下的最后一块招牌是国民党的“江防司令部”。

古老的龙街渡不仅是川滇两省的商贸大道和南丝绸之路的主要渡口，而且也是兵家必争的军事要地。蜀汉时“攻心为上”的平南大军诸葛亮，曾经三下“四十五里”火焰山，涉“三十五里”沙沟箐，在这里渡江，七擒孟获，平定南中，留下了民族和睦的千古佳话。元朝至元二十四年（1287年），意大利旅行家马可·波罗奉元世祖忽必烈之命出使缅甸，也是穿过姜驿在龙街渡过金沙江，西行出境，完成了周边修好的使命。清初，镇守云南的明朝旧将吴三桂反清复明，浩浩大军踏过龙街渡的古驿道向川西进发，显示了吴三桂的不可一世。民国四年（1915年）云南护国起义，成立了军政府，为防川军由此过江进攻昆明，派遣护国军一支队驻守龙街，曾在此与渡江川军交战，击溃川军，现古渡两岸的山头

上仍保留着当年的壕堑。特别让人难以忘怀的是，1935年5月3日至5日，中国工农红军第一方面军一军团一师长征进入元谋，为掩护主力红军渡江，在龙街渡口上游两公里的石花滩架设浮桥，佯作渡江，吸引敌人大军。蒋介石知悉后，乘飞机视察了浮桥，嘲笑毛泽东的异想天开，扔下两颗炸弹后离去。毛泽东用兵的虚虚实实，神出鬼没取得了战略上的主动，一师顺江而下，与主力红军一道从下游86公里处的皎平渡过江，在军事战争史上谱写了“巧渡金沙江”的著名战役的篇章。请看，厘金局东面墙上的红军标语，历经半个多世纪的风风雨雨，今天依然清晰可见，保存完好。等一会儿我们还将看到龙街古镇上更多的红军标语。

龙街古渡岁月除响彻着商贸马帮的马铃声和遭受过古代战争的铁蹄肆虐之外，还曾遗留下无数文人骚客的无限感慨。明嘉靖十四年（1535年），也就是红军长征到龙街渡的整整四百年前，状元郎杨升庵被谪贬戍边，第一次从这里渡过金沙江，他留给后人的以《宿金沙江》为题的诗作，袒露出他的内心世界。从那以后，杨状元一次次回川探亲，出滇入川，出川入滇，大多走的是龙街古渡，似乎与龙街渡结下了不解之缘。旅行家、地理学家徐霞客于明崇祯十一年（1638年）十二月出游到达龙街渡，驻足江畔，面对“蜀汉交会”的青石残碑，大旅行家思绪万千。龙街渡的历史上演出过一幕幕正剧、喜剧，也演出过一幕幕悲剧。最大的一出悲剧发生在1947年的洪水天，由于武定县环州土司的管家、家丁仗势欺人，公开在严重超载的横渡木船上调戏妇女，引起全船人畜骚乱，致使尚未开出港湾的木船倾覆，140余人落水，除20余人生还外，100多人丧身江中。千里金沙江有史以来最大的水难，使对岸彝族村寨盐水井成为寡妇村。

朋友们，请随我一道踏上青石铺筑的古驿道。这条被马蹄踏得坑坑洼洼、斑驳陆离的驿道，是南来北往的马帮必经之路。踏上这一块块青石板，我们都在踏过龙街古渡的一页页历史。现在我们脚下的这个小山包正是若干年前金沙江的河道，一看沙和砾石组成的堆积层，大家就会明白。请朋友们记住这个毫不起眼，但在全球地质地理学和古生物、古人类考古中有着重大意义的小山包。1926年，大洋彼岸的纽约美国自然博物馆中亚考察队首次考察龙街渡，纳尔逊先生发现了以这个小山包为中心的、面积2平方公里的新石器遗址，出土幼童瓮棺墓一座，大量陶器和斧、锛、凿、镞等石器，龙街由此成为元谋盆地发现最早的石器遗址，从而拉开了元谋第四纪地质研究和古生物、古人类文化发掘、研究的序幕。看着累累荒冢中的古人白骨伴着沙金而眠，不知大家有何感想。

穿过日渐没落的龙街古镇，我们面前的两道墙上保留着当年红军的几条标语。对红军标语，朋友们也许听说了不少，对龙街渡的红军标语，我提醒大家注意两点：一是遵义会议后，红军对“北上抗日”的政治主张宣传、贯彻得更加坚决，从遵义到龙街渡，沿途保留至今的标语已经不多，龙街标语不仅保存完好，而且“抗日救国”的政治方针那么鲜明，这在其他地区的标语中是不多见的。二是当地农民和民间文化人冒险为保护红军标语倾注了大量心血，他们先用仙人掌浆液涂在字面上，再抹

上泥巴，让字迹与泥巴隔绝，新中国成立后才让标语重见天日。

刚才给大家提到的美国自然博物馆中亚考察队一行不仅最早发现了龙街新石器遗址，他们还发现了地质学上较有价值的江边地层剖面、白泥湾地层剖面和白泥湾构造剖面，其中白泥湾粉沙层被确定为全世界最标准的粉沙层。朋友们请看：当地人叫白土坎的地方，一片巨大的断面就是著名的江边地层剖面。从那以后开始的中外专家学者对龙街和元谋盆地的考察、发掘、研究，大批科研成果表明，元谋盆地第四纪地质研究在全球的地质地理学科上，占据着极其重要的位置，并有元谋人牙齿化石、大墩子新石器文化遗址、白垩纪恐龙化石等震惊全球的重大发现。

介绍了龙街渡的历史、文化和地质科研情况后，接下来的时间请大家跟我一道乘客船顺江而下，观光游览。大家看，江北岸的这个小山村，就是因龙街大水难而成寡妇村的盐水井。那一年，红军主力部队从下游的皎平渡过江后，接到上级电令在龙街的一师火速赶到皎平渡过江。为谨慎考虑，军委又派后来的国防部长张爱萍率一个营的红军，从皎平渡日夜兼程，赶到盐水井与对岸的一师联络，当得知一师已沿江而下后，张爱萍才率领秋毫无犯的红军部队撤出盐水井，赶到会理与主力会合。令人遗憾的是，今天，村中亲眼目睹过青年张爱萍风采的老人已先后作古，不能再为我们叙述当年恩泽于民的红军与彝族同胞的鱼水深情。

现在，客船来到了我们此次漂游的终点——落水洞古栈道。落水洞距龙街渡 9 公里，新中国成立前的栈道

是从两山之间那一条几乎成 90 度的夹缝中下来的，猴子难攀，岩羊绝迹，为通过这一段栈道，到底有多少人掉下江中丧身鱼腹，我们已经无法统计。新中国成立后经国家多次投资，修通了横穿绝壁的以鹰嘴岩为代表的现在我们看到的这段栈道。对于落水洞古栈道和相距一里多的大岩脚古栈道的雄奇险峻，任何语言的描述都是多余的，请朋友们下船，随我一道走上古栈道，亲身体验一下胆战心惊、丧魂落魄的感觉吧。

今天的游览快要结束了，不知胸怀博大的金沙江和古老沉重的龙街渡给各位留下了什么印象。借眼下这最后的机会，我愿向各位并通过各位向你们的亲朋好友发出新的邀请：等到这条旅游热线最后全部开通的那一天，我们呈现给世界的金沙江大峡谷之旅的“可口套餐”还将包括盐水井古代淘金游，以及进嘎江畔热区自然风光、热水塘温泉，酷似三峡胜似三峡的志力峡、细蚱峡山光水色和多姿多彩的原始民族风情。届时欢迎各位朋友再次光临金沙江，做客龙街渡，我们一起来揭开千古大江的神秘面纱。

元谋人陈列馆

各位来宾，现在我们将要参观的是元谋人陈列馆，我想元谋人这个名字对大家来说应该并不陌生，在我国中小学历史课本开篇第一页中就清楚地写有在云南发现的元谋人距今有 170 万年，是我们已知祖国境内最早的人类。

元谋人陈列馆，位于元谋县城龙川街，建于 1987 年 7 月，占地面积 6 亩，总建筑面积为 1956.4 平方米，为三层钢混结构仿古建筑，院内广植热带乔灌树木及名贵花卉，环境幽静，古朴典雅。

馆内陈列文物分三个部分：

第一部分：人类起源。以全国出土的古猿、远古人类及其文化资料为主线，集中介绍人类起源与演化的科学知识。

第二部分：元谋古猿。以云南出土的开远古猿、禄丰古猿、元谋古猿化石资料为主线，集中介绍古猿是怎样“一步一个脚印”地从猿进化成人的，特别是元谋在人类起源与进化过程中的特殊地位。

第三部分：元谋史前文化。以元谋出土的大量遗址、遗物等资料，充分揭示了人类社会从迄今 270 万年的蝴蝶腊玛古猿和 210 万年前的竹棚猿人至 170 万年前的元谋

人及其文化、20 万年前的旧石器时代中晚期文化、1 万年前后的细石器文化、3000 年前的新石器时代中晚期文化以及现代文明社会等各个阶段历史发展的进程。

元谋人陈列馆，以元谋人为背景，展示大量翔实的资料，这对于进行辩证唯物主义及历史唯物主义教育，弘扬中华民族的灿烂历史文化，发展祖国的文博事业都具有十分重要的意义。自 1989 年 9 月 25 日开馆以来，已接待世界各地专家、学者及国内游客数万人次。

元谋热区生态农业观光旅游

各位朋友，大家好！

欢迎大家走进元谋“热区生态科技文化游览线”。今天，我将跟朋友们一道在这条铺满了干热河谷区稀有作物的科技含量较高的绿色园地上，共同领略东方人类始祖栖息地别具一格的、罕见的热区生态文化的神秘风光。

我们这条游览线路包括：云南省农业科学院元谋热区生态作物研究所、飞机场美国红提葡萄种植园、大平山龙眼基地、国家农业综合开发小丙岭科技示范园和云南省干热区复合生态农业可持续发展试验示范基地五个景点。

朋友们，现在我们来到了今天要游览的第一个景点——云南省农业科学院元谋热区生态农业研究所，我们简称它为“热区所”。踏上这片热土，面对这片神奇的热区生态，有的朋友可能会联想到跟眼前的热区所具有同样风光的西双版纳热带植物园。

云南省农业科学院热区生态农业研究所，是一个面向全省热区，重点以干热区特有经济作物和生态农业为研究对象，实行经济建设与生态建设相结合，特种资源引进和本土资源开发相结合，干热区名、特、优、稀特有资源的收集、整理、开发利用和干热区生态农业产业开发研究的试验、示范、培训、推广相结合，为农业高效增长，农村经济发展和农民增收服务，在全省建设具有热区农业特色的应用基础研究的公益型科研事业单位。

热区所占地总面积1200亩，其中核心区300亩。

热区所现有在职职工66人，其中：专业技术干部41人，管理干部8人，高职7人，中级10人，博士1人，硕士4人；拥有土地近4000亩；科研、生产、办公及职工生活用房建筑面积11220.78平方米，专家接待及科技培训楼2200平方米，试验室300平方米，图书资料室100平方米；藏书2万余册，科研仪器设备及图书资料价值454.50万元；拥有适合热区气候条件的植物资料880余份；建有优质热带亚热带经济作物、蔬菜、花卉、水保作物、热带牧草、园林绿化植物种苗繁殖基地200亩；先后与美国、日本、荷兰、澳大利亚、印度、泰国、越南等国家和国内的20多家农业研究机构、大学、公司建立了良好的合作关系；共完成各级科研与开发项目70余项，取得省厅级科技成果33项，撰写科研论文250多篇；成果辐射到云南省13个州、市的热带、亚热带地区和四川省攀枝花市的130多个乡（镇），面积累计30万亩，产生社会经济效益4亿多元。

热区所园区内现有热区果树1100亩，其中酸角1000亩，龙眼68亩，荔枝5亩，芒果7亩，阳桃2亩，番木瓜15亩，热区草类30亩，共280多个品种，热区生态林370亩。

同时，为了进一步深化科技成果的转化力度，根据"科研强所，产业富所"的办所方针，大力培植科技产业开发实体，目前全所已创办了一个以蔬菜种植业务为主

的元谋思农蔬菜种业发展有限公司和一个以园林绿化工程为主的云南农科产业管理有限公司元谋园林绿化分公司两个开发实体。在科研、开发快速发展的同时，全所的精神文明建设也取得了巨大成就：2003 年被评为省级文明单位，2005 年被评为全国精神文明创建工作先进单位。

现在就请朋友们随同我和热区所的科研人员一道，走进这个对大多数朋友而言完全陌生的热区植物王国。

现在，我们来到了飞机场美国红提葡萄种植园。站在葡萄园的观景台上，机场跑道两侧的绿色葡萄苗圃看不到边际。在 1500 亩的土地上，大面积种植葡萄，目前，在全国是绝无仅有的。我们不能不对投资商们的科学精神、风险意识和非凡的胆识表示由衷的敬佩。

飞机场葡萄园位于县城北面 2.5 公里处，是利用停飞多年的元谋军用飞机场 3.5 公里飞机跑道两侧的闲置土地建成的。葡萄园占地面积 2700 多亩，房屋建筑面积 5 万平方米，水、电、路、通信等基础设施完善，是以生产全球著名葡萄品牌“元谋红提”为主的葡萄种植园区。现已开发种植的葡萄面积为 1500 亩。由山东青岛客商贾京忠、李乃山等企业主联合筹资 820 万元组建的葡萄种植经济技术联合体，采用高科技、高标准种植“美国大粒红提葡萄”，独创“元谋提子”葡萄品牌。该品种葡萄果实大、品质佳、耐拉力强、不裂果、不脱粒，特耐贮藏运输，可贮藏 6 个月不变质，且抗病性强，高产、稳产，平均果粒重 20 克，最大达 44 克，平均穗重 1000 克，最大可达 5000 克以上，果肉硬而脆，口感极佳，一般在 6 月底上市，较美国本土和中国北方早上市 100 天，市场价格明显高于普通葡萄品种。计划2006年底总投资2500万元，完成1500亩商品葡萄生产基地的建设和泡沫包装箱厂、预冷包装车间、空调保鲜库等一体化配套设施建设，年产500吨优质葡萄，集科研、生产、营销为一体，逐步走上市场化、商品化的现代农业发展道路。

元谋具有优越的自然条件，年均气温22.2摄氏度，年均日照2670.6小时，年均降雨量612.3毫米，年无霜期364.5天，光照充足，热量丰富，是有名的“天然温室”。

全球鲜食葡萄种植面积为1000万公顷，产量为1.5亿吨。我国的葡萄种植面积仅占世界的1.4%，产量仅为世界的1.8%。人均葡萄占有量意大利为192千克，我国只有2千克，相差约90倍。所以，我国是世界上高档优质鲜食葡萄的主要进口国，2003年进口为28万吨；出口仅为0.17万吨，而位于南美洲的小国智利葡萄出口量却高达60万吨，上述数字还不包括比从海关进口多几倍的走私葡萄。所以，无论是国内外，优质鲜食葡萄的市场潜力都是巨大的。

葡萄园每年的最佳游览观光季节是五、六月份，届时，园区内的一串串翡红色珍珠似的葡萄将等待着朋友们的再次光临，与勇于创新、大胆探索的耕耘者们一道共享采摘、品尝的快乐，共享规模化、产业化、集约化和科学化水果种植带来的丰收喜悦。

大平山龙眼基地位于108国道旁，距县城5公里，距元谋火车站2公里，是元谋县无公害龙眼重点示范基地。该基地由元谋县林业局投资120万元建成，现承包给私营业主经营。6年前，这一片荒山、荒坡栽白薯也不长

藤，经过6年的建设，现水、电、路等设施已基本配套，200亩龙眼和50亩印楝已全部成林，长势良好，年年丰收。每年的七、八月份，香甜可口，质地优良的龙眼上市，大部分销往四川、重庆、陕西等省、市。基地建有独具特色的“农家乐”，但愿原汁原味的元谋地方风味饮食和香甜的米酒能解除朋友们的路途劳累。

我们的下一个游览观光点是国家农业综合开发项目小丙岭科技示范园。在向大家介绍小丙岭科技示范园之前，我有必要先给朋友们简要介绍一下与小丙岭科技示范园紧密相关的从1995年开始在元谋实施的国家农业综合开发项目的辉煌成果。造福于民的国家农业综合开发项目1995年开始在元谋实施，10年间，实际完成项目总投资10658.72万元，完成了计划总投资的109%，其中，中央财政拨款2912万元，地方财政拨款4055.55万元，自筹款2701.5万元，银行贷款1049万元。完成项目包括：中低产田改造11.52万亩，营造生态林1.34万亩，新修田间机耕道路32条，共117.23公里，新修农田灌溉主干渠和支渠64条，共205公里。项目的实施，在元谋热坝实现了农田、道路、水利、林业、电网基本配套，解决了水资源利用率低、洪涝灾害频繁的问题，从根本上改变了农业生产发展的基础设施条件，有效灌溉面积大幅度增加，土地产出率、收益率和利用率极大提高，为元谋县农业产业结构调整，设施农业、生态农业和旅游观光农业的飞速发展奠定了坚实的基础。朋友们看到的东山脚一带的一条条田间道路、沟渠，一片片热区果园和大面积的反季蔬菜正是国家农业综合开发10年努力的丰硕成果。

元谋农业综合开发科技示范园是国家农业综合开发科技推广综合示范项目。核心区位于元谋县黄瓜园镇小丙岭，距元谋县城15公里，东临元谋县输水主干渠的丙间大沟尾部，西邻国道108线和成昆铁路，距元谋土林和金沙江边10多公里，交通便利、区位优势较好。

园区建设以国家农业综合开发科技推广综合示范项目为依托，在国家、省和州各级领导的关心支持下，以云南省农科院和云南农业大学为技术依托，以元谋种业协会为龙头，以增强壮大农业产业化经营为主体，实施项目带动及“抓两头带中间”的发展战略，将元谋菜果的生产、加工、销售等服务紧密地结合起来，实行一体化经营，促进产销衔接和农业结构调整，壮大培育主导产业，实现农业增效、农民增收、财政增长。园区是元谋县农业科技发展的窗口和龙头，主要业务是蔬菜新品种的引进、试验、示范、育苗、推广、技术培训等。园区建设规模为4.2万亩，其中核心区300亩，示范区1700亩，推广区40000亩，涉及元谋坝区6乡（镇）。投资2172.47万元，其中中央财政资金600万元，地方财政匹配资金600万元，银行贷款600万元，自筹资金372.47万元。目前，已投资1500万元，建成了综合科技楼、工厂化育苗温室1024平方米、蔬菜种植展示和制繁种钢架大棚23061平方米、滴灌设施2000亩及相关基础配套设施园区办公、培训、育苗、加工及生活区占地15亩，可同时接待150人食宿，同时建成了13亩蔬菜观光采摘园，其中：大棚3亩、露天10亩，设施农业在园区得到充分展现。

现在，请朋友们跟我一道进入瓜菜展示棚，新品种

蔬菜展示区，蔬菜工厂化育苗大棚，可供采摘的百菜园和园区生态、科研、餐饮、娱乐服务区观光游览。

朋友们，现在我们将要到达今天游览观光的最后一个点——云南省干热区复合生态农业可持续发展试验示范基地（简称苴林示范基地）。苴林示范基地南距元谋县城19公里，西距物茂土林景区14公里，位于攀昆高速公路出口处，基地总面积2260亩。10年间，总投资500多万元，完善了水、电、路等基础设施配套工程，如今，昔日的荒山破箐已全部被绿色覆盖。1000亩印楝长势喜人，已全部成林；460亩攀枝花、凤凰树、银合欢、酸角树、羊蹄甲、菠萝蜜等乡土稀有植物组成的水保生态林已陆续成型；215亩热带亚热带优良水果龙眼、芒果、荔枝、莲雾、阳桃、火龙果、黄皮、柚子、柑橘、蛋黄果、柠檬等已先后挂果上市；另外，还种有5亩中药材和25亩热区优良牧草。近年还完成了150亩节水滴灌工程项目。

现在我们进入苴林示范基地。请大家先参观热带亚热带果园区、生态水保林区，最后我们再到元谋县面积最大、长势最好的印楝片区游览。

印楝，对大多数朋友来说可能是一个完全陌生的树种。它是目前世界公认的6种大有前途的植物杀虫治病能手之一。印楝原产于印度、巴基斯坦、缅甸等东南亚国家，近几年，被大规模引进我国，在热带亚热带地区种植和开发研究，取得了显著的成效。印楝是楝科的一种常绿阔叶树，枝叶茂密，树冠如盖，树高一般10～20米，最高达30米，其寿命长达200年。印楝全身都是宝，它的果肉、种壳、种仁、树叶、枝条、橘饼、木材、树

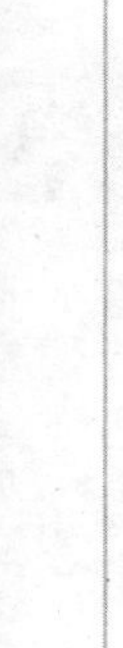

根和树皮，可提供医药、农药、肥料、饲料、燃料、建材、土壤改良剂和化工原料等行业使用，尤其在驱虫、拒虫食、杀虫、防病治病等方面效果最为显著。被誉为“杀虫治病植物”、“杀虫治病能手”、“植物农药”。由于印楝的特殊习性，耐酸、耐瘠、耐旱、耐热，只适于年均气温18℃以上的无霜区生长，因此速生性强，四季常绿，枝繁叶茂，树型极佳，树冠反光，印楝也就成为热带、亚热带地区行道、庭院、园林和四旁绿化的理想树种。

朋友们，今天的观光游览到此就全部结束了。但愿旅途中罕见的热区稀有植被的婀娜妖娆，飘香的蔬菜瓜果的柔情蜜意和科技园在研究开发、引进创新中科技工作者们焕发出的闪光的青春，伴你进入今夜的甜蜜梦乡。

狮子山旅游景区

各位朋友，欢迎大家到武定狮子山旅游观光。狮子山1987年被命名为云南省首批省级风景名胜区，2001年评定为国家AAA级景区。2006年开始申报国家AAAA级景区，目前已通过省级评定，正等待国家级评定。古人云“天下名山或以形胜，或以名传”，而狮子山却两者兼有。所以大家今天来到这里，既可饱览秀美险峻的自然风光，又可探寻幽远的佛教文化、帝王文化、牡丹文化。

狮子山以形似伏卧的雄狮而得名。明朝初年就誉满全滇，游人蜂至。素以“西南第一山”和“中国八小佛教名山”著称。景区由正续禅寺、牡丹园、林海、巉岩四大部分组成，共有86个景点。

狮子山的美景固然让人耳目一新，心旷神怡，但如果美景之后没有深厚的历史文化积淀，也许不会给人留下多少印象，而狮子山真正的美却是藏在其背后的人文景观，正是这些人文的、历史的东西让狮子山越来越显示出神奇的魅力来。

狮子山历史悠久，《狮子山建正续禅寺碑记》载：元武宗四年（1311年）蜀僧朝宗云游到滇中武定府，被这方土地的险峻、人民的热情、物产的丰富深深打动，决心在武定兴建寺庙，弘扬佛法。于是他率众信徒劈荆棘，斩杂草，筑庙墙，并对当地民众说，兰亭因为遇到大书法家王羲之等名人的题咏才名声远播；赤壁因有大文豪苏轼的《赤壁赋》才成胜景。狮子山要有灵性必须有佛门寺宇才能成其为胜地。然而，正如他神秘地到来一样，朝宗“首建观音、文殊诸阁，未迄功而归东”。朝宗法师在修好文殊阁、维摩阁，将所创梵宇之山命名为狮子山（“东望岩阿，形如狮子，故以扁焉”）之后就再也没有人知道他的行踪了。

后来，印度禅贤指空法师（梵名提纳簿陀）由四川峨眉山来到武定，扩展了狮山庙宇的建筑规模，奠定了正续寺的基础。《碑记》说：“师归西蜀后，有西竺指空禅师游方憩此，绝粒危坐，肋不沾席，开辟正觉诱掖淄俗，慕其化受信具者，比比有焉。佛殿旃檀，经始于乙卯之春（元延祐二年，1315 年）；僧堂香积，落成于庚申之夏（元延祐七年，1320 年），禅师又虑常往缺乏，龙象星巨大胜利散，于是缘化本路官吏，此方他方，或贝或谷，以至以地畎亩疆界，随其丰俭，咸勒诸碑阴，永传不朽。”指空法师建寺的时间，前后 7 年，后来离开武定狮山，去了滇西、滇中，又继续云游传法。指空法师离开正续禅寺远行前，召集众僧徒说：“吾建寺历尽艰辛，创寺难矣，而守寺更难。汝等应继承吾辈创寺之精神，使之延续光大。”为此新建佛寺命名为正续禅寺。

从此可知，开发武定狮山的是朝宗法师，建造正续禅寺的是朝宗法师和指空法师，因为有了这两位高僧，才有了如今的狮子山，狮子山也才成其为名扬四海的历

史名山。尽管他们离我们已经远去近700年了，但他们披荆斩棘的精神，他们广种菩提，弘扬佛法的虔诚却永远地烙在人们心中，被人们称为狮子山开山祖师“二禅伯”。

历史不会忘记“二禅伯”的丰功伟绩，正是他们让狮子山巍然屹立，因为有寺，山有了灵性；因为有山，寺有了风采。难怪人们要把狮子山说成是“西南第一山”。历经近700年的风雨，正续禅寺经明清两代整修扩建，形成现在的大雄宝殿、藏经阁、五十三参神仙廊、礼斗阁和花厅、翠柏亭等一系列主要建筑。这些建筑，最大限度地利用木结构的特长，雕梁画栋，独具特色。

如果说狮子山朝宗、指空两位法师的开山建寺让狮山得于闻名于世的话，那么，明帝王剃度为僧，归隐狮山的传奇故事则让狮山蒙上了一层神秘色彩。

现在就请大家跟随我一道去探幽寻古。这块石牌坊叫“乾坤双树石坊”，这是进入正续禅寺的起点。石坊高5.8米，建于清康熙四十六年。石坊两侧对生的巨大杉树，一株粗壮，一株修长，故名乾坤双树。石坊上刻有对联：“山藏龙伏隐高峰，永作滇云盛事；天遣狮蹲留宝地，祥钟罗婺灵源。”道出了狮伏龙潜的神妙传闻和武定地方历史典故。来狮山旅游的朋友，绝大多数都想听听建文帝的传奇故事。一会儿，大家在最里面的惠帝祠阁前会看到这样一副对联：

僧为帝，帝亦为僧，数十载衣钵相传，正觉依然皇觉旧；

叔负侄，侄不负叔，八千里芒鞋徒步，狮山更比燕

山高。

而在大雄宝殿前会看到这样一副对联：

叔误景隆军，一片婆心原是佛；

祖兴皇觉寺，再传天子复为僧。

这两副对联记叙了朱家祖孙三代的概况，以及对朱棣、朱允炆叔侄俩人品德的评述。

朱元璋年少时，因家境贫寒，被迫到皇觉寺当了和尚。后投身到郭子兴、孙德崖的“红巾军”中。由于他足智多谋、英勇善战，被郭子兴旧部推为统帅。在取得金陵（今南京）后，他于1368年登上皇帝宝座，国号大明，改年号为洪武。即是“僧为帝”，史称明太祖。

1398年朱元璋死去，年仅二十一岁的朱允炆便登基称帝，即惠帝，次年改年号为建文。

明惠帝即位后，各地藩王不服，燕王朱棣以“清君侧”为名，发动了“靖难兵变”，于建文元年七月，率师南下，攻取金陵。建文帝逊位。

惠帝于1402年6月13日从南京出亡，经吴江、京口，十月到襄阳。到狮子山隐居多年后，回忆往事，感慨万端，深感天地有恨，江汉无情，于是写了一首《七言送怀》留狮子山翠柏亭：

牢落西南四十秋，萧萧白发已盈头。

乾坤有恨家何在，江汉无情水自流。

长乐宫中云气散，朝云阁上雨声收。

新蒲细柳年年绿，野老吞声哭未休。

好，讲完这些传说和故事，让我们进里面找找惠帝的遗址。这是狮山牌楼，“西南第一山”的来历刚才我们

已经提过。背面有“狮子山”三个贴金行书大字，它出自清同治年间武定秀才汤绍悦之手，笔力苍劲，游龙舞蛇，与周围景色十分协调。

大雄宝殿是禅寺的主体建筑，为五檐歇山顶式土木结构，前檐下有简易斗拱铺作，高 9.5 米，5 格开间，建筑面积 454 平方米。

这是藏经楼，也就是惠帝祠阁。因楼下供奉惠帝的塑像，又是按皇宫格式建造的宫殿式建筑，所以人们称之为惠帝祠阁。楼阁建在一个高 8 米的石砌平台上，平台正面无阶梯，由左右两侧仅容一人通行的石阶——“九龙口”——登上围有花板石栏的丹墀；石栏柱头上有一只石雕望天猴，这就是只有皇宫前华表柱头上才有的那个石猴。

大家往这看，“古柏常留苍翠色，小亭先是帝王居”。传说这就是当年建文帝居住的“翠柏亭”。那两株矮小苍劲，树形奇异，半枯半荣的刺柏树，传说是建文帝亲手植的龙凤柏。历经 600 多年风雨依然郁郁葱葱、充满生机。

在翠柏亭旁边的叫月潭潜龙。潭水终年不溢不涸，潭底那条石雕巨龙，蜿蜒潜游于潭水之中，在天光树影衬托下，石龙好似在天际遨游。相传此潭是建文帝亲手开凿的。

各位朋友，现在我们就到了牡丹文化园区，经过多年的努力，这一片区已拓展为牡丹文化园、牡丹观赏园和牡丹山水园，共占地 100 多亩，园内有牡丹 40000 多株，分属 120 余个品种和红、黄、蓝、紫、黑等九个色

系。这丛牡丹有奇香，名叫“香玉板”。那丛白牡丹为明惠帝亲手种植，虽然年纪已过600，依然枝繁叶茂，花径达28厘米，被中央电视台誉为“中国牡丹之最”。

各位朋友，游完了古刹和牡丹园，让我们步入巉岩。

在正续禅寺后面，狮山山顶的边缘，有一条南北走向的长3公里，高100多米的石壁，形成一道巨大的台阶，只有几处地方能攀缘登上山顶，地势十分险峻。

穿过“别有天”石坊就意味着进入了巉岩。这是“歧亭”，亭西南侧有一巨岩，如雄狮下山，称狮子崖。狮头仰对长空，张口、吐舌、怒目、竖耳、扬鬃，作长啸状。各位，“万壑烟霞”到了。有雾的早晨，在这里俯视武定坝子，全为白雾充填，酷似一个装满棉絮的大盆，随着旭日高升，云雾渐渐减少，露出周围山头，如同云海中的小岛，而沟壑低洼之处，仍填装着烟雾，经久不散。这就是“万壑烟霞”奇景了。

请往上看，那里有一株古劲苍松长于石壁缝中，枝干侧悬，像是在欢迎远道而来的贵客。有人在其下侧石崖上刻“迎客松”三个字，有人题词赞美：“倒悬石壁，历险不危。久经风霜，长春迎客。”

这就是我们在牡丹园看到的“只有天在上”。在这里，仰视峭壁接天，高不可测；俯视林海茫茫，深不见底。每当林海夕照之际，红日映照崖端，似可伸手能触，故有“巉岩接日”之称。

那两个拔地而起的石峰就是“玉笋双峰”，有人说它们像一对难舍难分的情人，也有人说它们像两个守财的童子和龙女，还有人说它们像一对彝族青年相向对歌。

每当雨季来临，那里会有一股清凉的泉水自崖头做两叠状奔泻而下，如珠帘滴翠，涌珠喷雾，隆隆有声，山水辉映，意境无穷，人称“寒泉瀑布”。

狮山之巅，是一片 4.8 平方公里的平顶，这里地势平坦，土层深厚，松林茂密，山花烂漫，有不少奇花异草，珍禽异兽。登临狮山绝顶，来到林海景区，眼前豁然开朗，另是一番天地，别有韵味。

各位朋友，如果你想游遍狮子山，感悟狮子山，那么，你就非得在这住几日不可。

武定水城河风光

各位游客，大家好！欢迎来到武定水城河自然风景区观光游览。我们现在走进的就是闻名遐迩的武定水城河景区。古人说：仁者爱山，智者乐水。走进自然，亲近自然，不仅是古人的闲情逸致，更是现代人的渴望和追求。所以，今天就请各位放松心情，随我一起融入水城河秀丽的景色之中，感受别样的山水情趣。

水城河景区包括“一库、一河和水城自然村落”等景观。“一库”就是螃蟹箐水库。螃蟹箐水库由一湖八箐组成，因空中俯视形似螃蟹而得名，湖区碧水清清、鱼儿成群、野鸭翻飞、小鸟啁啾，周围成片的林木四季色彩分明。乘快艇游览一周大约需要 30 分钟。现在我们就一起乘坐快艇去近距离地感受这美丽的景致。

现在我们就沿水城河而下，去踏寻更美丽的景致。水城河的美就在于它的自然山水和独特景观。沿河两岸奇特的丹霞地貌，一石成一山，山山相连，同时水城河又在飚水涯地段形成大小不一的梯级瀑布群，更为水城河平添了难得的景致。大家请往河两边看，虽然一个个圆滚滚的大石头构成了一座座高低不一但又紧紧相连的石山，但在石山上只要石缝中留有一点腐质土，就会生长出一棵棵生命顽强的云南松。再低头看看下面的河流，

清澈见底的河水缓缓流淌，下面的河床却如人工雕琢过一般，全是天生平整的大石板，河床上多年生成的青苔，顺着水势，扭动腰肢，轻盈舞动，让人产生无尽的遐思。因此水城河就形成了“头戴绿草帽、中间石肚翘、脚下清泉流”的绝美山水风光。

现在我们来到了飚水涯瀑布群的第一道瀑布，这里叫金鞍子。传说古时有仙人骑马路过水城河，看到水城风光煞是迷人，禁不住按下云头至此观赏，迷人的景致竟让这位仙家忘记了按时回归天堂。直到玉皇大帝急召，才恋恋不舍地离去，由于走得匆忙，就把金子铸成的马鞍留在了这里。那些深深浅浅的石窝，传说就是仙人留下的足迹。看完这里我们接着往下走，现在我们看到的就是飚水涯瀑布群中最大的瀑布。本来缓缓流淌的水城河来到这里后，忽然冲下高达80多米的断崖，形成这壮美的瀑布景观。

现在我们看到的这个地方叫大石房。一个圆形的巨石，中间忽然凹进一个洞去，形成了一个可容纳百人的石房子。在石房子里讲话，只听回声阵阵，恰似一个天然的大音响。大家可以走进去，一展歌喉，试试这天然音响的效果。

现在我们所在的这个地方当地人叫洒布鲁，请大家顺着我指的方向往对面的石崖上看，左右阳阴两石相距不过50米，人们形象地把它们叫做“生命之根”和“生命之门”。请大家自己仔细观察品味这天造神物。（注：“生命之根”很像男性外生殖器官，“生命之门”很像女性外生殖器官）。

流淌千年的悠悠水城河不仅造就了一方美丽的山水，

也哺育了这方纯朴、勤劳、善良的水城人。现在我们看到的就是散状分布在水城河两岸的自然村落。这里虽没有发达地区的富足与豪华，却有着世外桃源般的宁静与祥和，小小村落，袅袅炊烟、鸡犬相闻……一切都显得那样自然与和谐。

这里主要盛产马铃薯、甜脆萝卜、玉米等，每年四五月份，我们可以在这里看到万亩洋芋花开的壮丽景色。到这里游玩，我们可以到农家品尝陈年腊猪肉、武定壮鸡、纯生态黑山羊肉、农家自酿的米酒等特色美食。还可听听纯朴、优美的水城小调。

好！各位朋友，水城河我就带大家游览到这里。在大家的配合下，我们一起度过了一段美好而难忘的时光。优美的水城河，朴实善良的水城人民欢迎你们的再次到来。

己衣大裂谷风光

各位朋友，欢迎大家来到己衣大裂谷游玩。己衣大裂谷是一道天然奇观，是地质变化的结果，更是大自然奉献给人类的一个幽秘仙境，被称为“滇中第一大裂谷”。如果说绿树红花让人赏心悦目，小桥流水让人心旷神怡，那么己衣大裂谷则会让你感到惊心动魄、心潮澎湃，观后会惊叹大自然的鬼斧神工，唏歔大自然的神奇美妙。

己衣大裂谷长约12公里，最宽处约200米，最窄处约6米，最深处300余米。谷底是湍流急下的大梁河。两侧绝壁间隙古树丰茂，野猴成群。裂谷两侧顶端平地间是自然村落，虽鸡犬相闻，却难以相通，形成了雄、奇、险、秀的崖壁奇景。有诗描述道：“万仞垂崖立两边，灵猿也作神鬼泣。闻得潺潺不见水，若立谷底不见天。巢中雏燕不敢鸣，只有仙花独自开。”

云上村

现在就请大家跟随我一起去游览这雄险幽深的大裂谷。请大家顺着我手指的方向往下看，那个村叫云上村。它处在大裂谷中下部。由于地质的奇特变化，在裂谷中

间突兀地冒出一块约一千亩的平地，四周都是笔直的悬崖，一条羊肠小道盘旋在崖壁间，成了世代生活在云上村这块土地上的数十户人家与外界交流的唯一通道。有雾的时候，四周全部被雾笼罩，整块地就像漂浮在云雾之上，因此大家就形象地把这里叫做“云上”。

红军树

这棵树叫做“红军树”。它长在悬崖边上。大家注意看，它是这一片土地上能看到的最高大的一棵树。1935年，红军长征过武定，部分红军战士从己衣路过赶往皎平渡渡江。有两名红军战士因身患疾病无法行走，就借住在老乡家养病。红军大部队走后，当地土匪卷土重来，强行抓走两名红军战士，并从这里将他们推下万丈深渊，残忍地杀害了两名红军战士，至今他们的尸骨仍未找到。为了纪念这些为穷苦人民打天下的红军战士，这里的群众就把这棵树叫做“红军树”。

古驿道、天生桥

现在我们要走的是一条横穿大裂谷的古驿道。在这里我们可以看到对面的本冷等村，我们可以和对面的人讲话、聊天，但我们要和对面的人会合，就必须走这条古驿道，需要近两个小时的时间。这条古驿道是在笔直的悬崖上人工开凿出来的，宽不足一米，惊险异常。

这里就是天生桥。在整段大裂谷中，唯有这里有一块天然巨石横亘在两绝壁的中央，成为连通两边的唯一

通道。有诗赞曰:“刀削斧劈两相望，上下百里不曾连。独有此处手牵手，原是牵牛织女桥。”千百年来，两边的数千名群众就通过这里来来往往，互相交流。

一线天、己衣水库

我们现在所处的位置是崖壁中央，由于两壁间距很小，便叫做一线天。大家抬头往上看，这天是不是只有一条线那么宽?再低头往下看，虽然隐约能听到大梁河在脚下的流水声，但我们却看不到河水，真是神秘莫测。

这里叫己衣水库，处于大裂谷的中上部。裂谷在这里突然出现了一段较为宽阔平坦的地段，为了解决己衣及周边地区的灌溉问题。20世纪70年代，国家采用一次性爆破的方法，将两边部分山体通过爆破后回填筑起坝埂，就形成了一个水库，便叫己衣水库。这在当时世界爆破史上都是一个成功的范例。

各位朋友，己衣大裂谷是神奇幽深的。由于条件的限制，我们只看到了大裂谷的部分容颜。“无限风光在险峰”，大裂谷还有很多神奇美丽的景致藏在深邃莫测的谷中，期待着勇敢的探险者去发现、去欣赏。当然随着开发条件和技术的进一步完善和提高，大裂谷很多尚不为人知的独特美丽的景观也会逐渐浮现出来。相信当大家再次来到大裂谷的时候，又能看到更多新奇的景观了。

白竹山风光

各位朋友，大家好！

欢迎你们来到白竹山风景区旅游观光，白竹山风景区是经云南省人民政府于 1996 年（云政发［1996］138 号）审定公布的云南省第三批省级风景名胜区，它含白竹山和石碑山，总面积 30 平方公里。白竹山位于双柏县城东部法脿镇，离双柏县城 30 多公里，由营盘山、白竹山、三尖山等组成，山体最高峰海拔为 2554 米，山上林木茂密，溪泉流淌，尤其以成片的箭竹林和杜鹃花最惹人注目。每年夏天，满山遍野的马缨花争相开放，犹如一片火海；红、粉红、白三色各异的杜鹃花争奇斗艳，牵动着四面八方游人的心，游人多时每天达四五千人。景区动植物资源十分丰富，有国家一、二级保护动物十多种。森林茂密，覆盖率达 64.52%，以常绿叶、阔叶林群为主，共 50 多种。白竹山产的茶叶久负盛名。白竹山顶上现建成了碧绿的万亩茶园，颇为壮观。这里有大小水库四座，含羞地隐藏在密林浓荫中，为白竹山景区增添了几分灵秀。此外，还有仙人桌、精怪塘、古战壕等。白竹山景区内民族文化异彩纷呈，民间故事、传说众多。有名的“大锣笙”、“老虎笙”舞就在这一带。

彝族的“老虎笙”、“大锣笙”、“小豹子笙”舞名扬海内外，曾多次在中央电视台播出，“老虎笙”还应邀到日本和法国进行了成功的演出；“三笙”中神奇、古朴的内容和表演形式深受国内外专家学者的青睐，被称为彝族图腾文化的“活化石”和古傩仪的“珍存”，其文化内涵和表演形式有《中国彝族虎文化》等大批专著、专论在国内外众多报刊上发表，一些镜头还上了影视剧；许多照片被日本、法国、我国台湾及《大众摄影》、《民族画报》等刊用。“老虎笙”、“大锣笙”、“小豹子笙”能使人走近一个遥远、神秘的岁月。除了这誉满海内外的“三笙”外，民间、民族舞蹈还有龙笙、青棚笙、四弦舞、三弦舞、花鼓舞等众多的种类，曲调有阿乖佬、四句腔、对口腔、火把歌、阿塞调等 20 多种。这些歌舞在彝族的虎神节、开街节、跳龙节、火把节、哀牢山彝族狂欢节等民族传统节日中由群众自发组织表演，同时彝族同胞也会以自娱自乐的形式随时随地进行。此外，还有被视为彝族“根谱”和彝族“百科全书”的彝族创世史诗《查姆》和彝族叙事长诗《赛玻嫫》以及被称为彝剧“始祖”的古彝剧《阿佐分家》，比李时珍《本草纲目》还早 12 年的《彝文医药书》（在原雨龙乡蚕豆田发掘）等大批民间、民族文化遗产的整理出版，特别是部分彝文典籍被译为英文在海外公开发行后，使得更多的海外学者纷纷前来“探源”。

“老虎笙”现今遗存于双柏县法脿乡小麦地冲，是虎图腾崇拜的一种祭祀性舞蹈。每年农历正月初八至十五，彝族倮倮人支系都要进行接虎、跳虎、送虎的仪式。扮虎人模仿虎的习性动作，表演原始人类生产、生活、人类繁衍等一系列舞蹈，以此祭祀彝族的祖先，反映了彝族朴素的崇虎宇宙观。

“大锣笙”流传于双柏县法脿乡者坷哨村，雨龙乡上

者窝、李方村，是一种集民风、民俗和民族历史为内涵的民族文化的“活化石”，它根源于原始狩猎部落氏族时期。相传是奠祭一位为彝族尼苏罗婺人的生存而英勇牺牲的英雄女性——喜鹊姑娘。每年的农历六月二十三至二十九日，彝族要举行扳牛、献祭、迎神，唱彝族火把节古歌，点燃火把树，跳“大锣笙”舞。在古朴的“大锣笙”舞蹈中，反映了人类早期的农事生产、狩猎生活，加上粗犷的彝族历史古歌，表现了一段该民族在原始时期发展壮大的历史生活。火把节跳的“大锣笙”舞以它独特的文化内涵，使其具有彝族祖先崇拜和原始戏剧性的因素。在这种民族文化现象中，可以让人们找到民族学、人类学、社会学、民俗学以及历史学的重要研究资料。

火把节是双柏县彝族支系罗婺人的传统节日，不仅活动方式别具一格，而且流传着一个优美动人的故事。相传很久以前，彝族罗婺人刚找到一块立足之地，十几个部落的头人却要抢走罗婺人美丽善良的阿辙姑娘，阿辙为了使自己的民族能长期在这块土地上生存，纵身火海自焚，避免了部落仇杀。幸免于难的人们在阿辙姑娘献身的山头燃起熊熊篝火，挥舞火把，跳起火把舞，祈祷献身火海的英灵。阿辙姑娘焚火变成喜鹊，为人间报喜。为了永远怀念阿辙姑娘，当地的彝族人民将每年的农历六月二十四日作为纪念日，并且每年都要举行一场盛大的火把节。节日仪式自六月二十三日起，三山五岭的彝家人都汇集到杀牛山，举行一场扳牛比赛，以示彝家人民英勇强壮，比赛结束再杀牛设祭，迎接阿辙姑娘回人间共庆佳节；农历六月二十四日是阿辙姑娘殉难日，不进行任何娱乐活动。二十五日“大锣笙”阿辙表演队到各村寨朝贺，到每一家跳一场

"大锣笙"舞，唱一遍古歌，以此缅怀祖先业绩；二十六日到田块地角跳火把舞，以求驱邪除害，风调雨顺；二十七日敬"火神"，栽一棵十来丈高的火把树，围在大火把树下跳火把舞，唱火把歌，入夜又将各自带来的火把一齐点燃，数千把火把照亮彝家的每一个角落，彝族人民表演各种民间舞蹈，狂欢起舞，通宵达旦；二十八日外来赶场的彝乡数万人聚集在火把山上，又尽情地踏歌起舞、叙旧对歌、逗趣追逐、谈情说爱，直至深夜才将火把神送归山，活动方告结束。

石碑山位于双柏县城东南部的安龙堡乡，离县城 92 公里，最高峰海拔 2640 米，方圆约 40 平方公里的面积为县立自然保护区，因山巅有明朝嘉靖年间立的"镇宁裔土"石碑而得名。石碑山山峰高耸，有红、白、黑三色各异的百仞悬崖绝壁，如刀削斧劈，神奇而壮观，令人叹而叫绝。山顶缓坡上生长着约一平方公里的马缨花，盛开时犹如一片火海，绚丽壮观，令人痴醉。山顶平畴南边有一口仙井，常年清澈明亮，四季不溢。此外，还有丰富的动植物资源，生态完好，是旅游观光和科考探险的理想之地。每年春夏两季，游人纷纷登山看险、观赏风光旖旎的大自然，络绎不绝。

"小豹子笙"遗留在双柏县大麦地乡峨足村的彝族阿车人中，他们于每年农历六月二十四、二十五日（或七月十五日）要跳蒙面裸体画身豹子舞。20 世纪 40 年代前，是中年男女跳，后逐渐演变为十二三岁的男孩跳。跳小豹子舞的人全身赤裸，于胸、背、足至全身画上各种图案，组成豹子花纹。在随意性较强的嬉戏、舞蹈中以一种独特的民族、民俗样式，反映了彝族人对原始的生殖、繁衍的崇拜。

磅嘉哀牢山风光

双柏县磅嘉镇地处县境西南部，国家级哀牢山生态自然保护区腹地，距县城妥甸175公里。在三市（玉溪、普洱、楚雄）、五县（新平、景东、镇源、双柏、楚雄）、八乡（镇）的中央位置，历史上就是昆明、玉溪通往临沧、普洱等地的茶马古道。磅嘉集良好的生态资源、丰富的民族文化和浓郁的民族风情、悠久的历史为一体，旅游开发前景十分看好。

哀牢山国家级自然保护区地处我国云贵高原、横断山脉、青藏高原三大自然地理区域的结合部，是多种生物荟萃、水能资源丰富、旅游景观奇异的风水宝地，区内保存了我国面积最大、植被类型最为完整的中山湿地常绿阔叶林，是云南省中部最大的一片天然绿色屏障和水源涵养林，全区总面积为50360公顷。

磅嘉镇位于哀牢山中段，面积为10509公顷，镇内海拔最高的大梁山有2964.9米，为双柏县境内最高峰。磅嘉有良好的生态植被，森林覆盖率为79.56%，区内有高等植物5069种，36个植物群落类型，有国家级重点保护动物22种，其中有国家一级保护动物长臂猿、云豹、绿孔雀和众多二级保护动物。除此之外，磅嘉分区更是一块待开发的旅游胜地，境内山势雄峻，古木参天。珍

稀动、植物种类众多，种群丰富，自然风光绮丽多姿。哀牢梯田行云流水，幽谧旷野的高山草甸，壮观的高峡平湖及众多的溪流瀑布，美景天成。境内有碍嘉著名的"八景"：天星化石、虎山卧象、卜门吐月、哀牢擎日、石羊献宝、铁桥锁云、盘古仙硐、鄂甸清流等众多名胜；还有风雨桥、火烧桥、清代石刻、石碑、游鱼洞、李文学起义时的战刀、古城门等等。

特殊的地理环境形成了特殊的民族文化。各种山歌、民间舞蹈丰富多彩，形成了过山一个调，隔箐一种笙。山歌比较有代表性的有"阿乖佬"、"仁意调"、"过山调"、"赶马调"、"冷气腔"等，人们在山中、田间随性对唱、自唱，加之满山的树叶信手采来吹奏，形成一首首委婉动听的山歌。最常见的乐器有三弦，人们在做农活时常带着它，特别是背着沉重的背子，汗流浃背的时候，弹上一曲三弦，边走边唱，顿觉脚步轻盈，忘记了疲劳。比较有代表性的舞蹈有"顺攒"、"倒攒"、"窜花生"、"羊四达"、"马四蹄"、"闪闪笙"、"摇篱笆桩"、"猴子扯磨"、"擦痒"等。对歌加跳笙，使人们身心娱乐，各种舞蹈交替进行，营造出"三弦一响脚就痒，三天三夜跳不完"的场景。

自古以来，文化的发展，必将带来贸易的繁荣。"七月十五街"节便是碍嘉众多节会中影响较大的一个，它以其古老、神秘的活动内容，深深地吸引着八方宾客。每逢节会，三州五县的游客四五万人云集碍嘉，三天三夜尽情狂欢，是名声响遍省内外的"高山情场"。"七月十五街"民族传统节期间，在"团团的圈子里手牵手，脚跟脚的舞姿"的吸引下，各方客商云集碍嘉。2001 年的“七月十五街”，碍嘉这座小镇容纳了六万人之多，客商300人，设摊位650个，交易额约310万元，极大地推动了碍嘉经济社会的发展。

碍嘉本名鄂甸，得名于元大定年间，“大星坠于黑初山，化为黑石，状如东瓜，有点如星，焚之锵然有声，人不言举之则动，言则举不动，土人以为怪，积薪焚之，雷雨交作，众惧而止”；明嘉靖知县杨永江将“黑石”移到土地庙中，遂将陨石称为鄂石，意为天上来的石头，给人间带来吉祥。又因“数十里内大石高广，如房台壁，如亭如台，黑红碧绿，奇伟可观而石际流泉，清洌甘美，其附近果蔬形味亦异，因此碍嘉所由名也”。

碍嘉历史悠久，据史料记载：汉时属哀国，后改郡督县，属永昌郡（今保山）；晋及南北朝属东西象国；唐属南诏领地；宋属大理国；元为碍嘉千户，隶属威楚府，后改碍嘉县；明为黔国公沐氏（沐英—沐天使）镇地，洪武十四年仍为碍嘉县，设知县属楚雄府；清康熙八年（1669年），因兵燹之后，人迹稀少，并南安时（今双柏县）为乡，其后的六十七年间，碍无官吏；雍正十年（1732年），因石羊、界牌等地有兵祸，故设判官一人千把佐一员；民国二十年（1931年）废县佐，改碍嘉区。

碍嘉是一座历史古镇，明正德永知县，明末清初以鲁魁山为中心的彝、汉、傣各民族大起义，斗争长达十年之久，清政府调兵镇压，康熙六年（1667年）碍嘉城区全部毁于战火。雍正十三年（1735年）碍嘉州判罗仰奇率众建造碍嘉石城。相传，建城时宰一头牛，牛带血奔跑绕一周，返回倒地而死，于是县府大堂就建立在牛死处，城墙沿血而建，这就是后来的碍嘉古城。咸丰六

年（1856 年），彝族贫民李文学率哀牢山区各族人民起义，咸丰六年派都督杞彩顺进驻磘嘉，与城内清兵 3000 人相持半年后，李学明率援军 1000 人赶到，攻下磘嘉，建立都督府，由杞彩顺镇守。义军驻磘嘉 14 年，带领人民群众炼铁、炼钢，制造军械和生产工具，开沟引水，发展农业生产，使磘嘉成了义军的重镇。清同治十一年（1872 年）义军失败，磘嘉失守。

磘嘉还是古丝绸之路。磘嘉古为滇缅走廊，是陆上南方丝绸必经的捷径。从昆明至安宁、易门、双柏的法脿、雨龙、独田，过石洋江到磘嘉，翻越哀牢山到景东，达缅甸，或从景东下思茅（现在的普洱），到西双版纳、老挝、泰国一带，最后到达西亚。磘嘉境内有数座著名的风雨桥，每天都有成千上万的马帮，驮着丝绸、茶叶、食盐等物品，在这条道上来回，马铃叮当，铓锣铿锵，熙来攘往，热闹非凡。

磘嘉是一座无烟工业城镇。磘嘉水能蕴藏量很丰富，有 34.5 万千瓦，易开发的 14.5 万千瓦，主要集中在礼社江、麻旺河、界牌河、空龙河、纳嫩河、布管河、麻嘎河等数十条河流，还有小河坝形成的钟山湖（塘房庙水库）。已建有鱼庄河电站，装机容量 3200 千瓦；老虎山电站，装机 3.7 万千瓦。正在筹建中的空龙河电站，装机容量 1.08 万千瓦。还可开发多座水电站，老虎山一级电站穿磘嘉城而过，磘嘉电网密布，是座水电城。

磘嘉山高水长，立体气候明显，物产富饶。以新厂火腿、花椒、洋芋、茶叶、核桃、竹笋、香蕉等较为有名。以洋芋、竹笋为主料的饮食丰富多样，而且较有特色。

化佛山旅游景区

化佛山又叫玉屏山、自久山，是滇中佛教名山之一，1993 年被列为省级风景名胜区，2001 年被评为国家 A 级旅游区。它距牟定县城 17 公里，面积 30 平方公里，海拔在 1788 米至 2588 米之间，形状像一头雄狮横卧于群山之中。据 1986 年的调查显示，化佛山森林覆盖率为 99%，浓荫铺地，古木参天，正可谓“蝉噪林愈静，鸟鸣山更幽”。

化佛山因明代后期兴建佛寺开创禅林佛法而得名。明万历五年（1577 年）至清乾隆十二年（1747 年）的 170 年间，化佛山先后建了白云窝、见性林、心佛林、远功庵、宝莲寺、罗汉林、极乐庵、古花林、宝华林、雪岭林、绕顶寺、迦叶殿、旃檀林等 13 座寺、庵，是佛教发展的极盛时期。

化佛山开山祖师为牟定县本地人，俗姓邓，在河南住禄丰青莲寺大千和尚座下剃度出家。出家后参拜彻庸大师，承嗣曹洞正宗第十二世，法名“洪如”，号“无住”。在白云窝苦修 3 年后，随师南游浙江天童山参拜于临济宗大师密云门下，并嗣法临济正宗第三十六世。归来后随彻庸大师开创妙峰山德云寺，1639 年应邀入水目山重建宝华祥院。现今，化佛山尚有无住法师衣钵塔。

塔顶以日月石雕为冠，莲台上立覆钵形塔体，下有须弥座，造型别致。

化佛山僧人舍利宝塔是化佛山的一大景观。现存的40座宝塔以覆钵形为主，是佛塔建筑艺术的瑰宝，也是研究化佛山佛教历史的珍贵实证。

化佛山的由来

关于化佛山这一名称的来历，有两种说法。一种说法是人们看到化佛山箐深涧陡、怪石嶙峋，怪石的模样像仙又像佛，还有清清的泉水一刻不停地从石上流过，于是人们就把这一景象称为“涧涌石佛”，而有此美景的山也就成了化佛山。另一种说法是与传说有关。据说，很久以前，山下住着一户铁匠，铁匠打造的刀、斧等都非常锋利，杀猪宰牛也很在行。一天，邻居家办喜事，请他去宰牛，铁匠就去了。当他举起牛刀刚要动手时，一头小牛却从牛腹中蹦了出来，开口哀求道：“大慈大悲，勿杀吾母。”铁匠吓得目瞪口呆，对以前的所作所为大为后悔。他扔下屠刀当即跑到化佛山出了家。从此以后，一心苦修，竟然参透了上乘心法，坐化成佛。“化佛山”也就因此而得名。

各位朋友，今天我们要游览的化佛山属于南禅，朋友们从山中寺庙的名称，比方说“心佛林”、“见性林”等等就可以验证这一点。从无住和尚开山到晚清的177年间，化佛山一共建了13座寺、庵，极盛时寺院僧人达到数百之众。山中一座寺院旧址前还保留着一块了悟和尚碑，碑上刻着一首七言诗，诗中写道：

白云绕顶远官庵，古花宝华雪岭前。
见性心佛朝迦叶，自在罗汉坐宝莲。
旃檀①瀑布溢斗箐，般②若婆罗胜鸡山。
万佛尽在极乐国，心香一炷达九天。

诗意在写景抒情，更妙的是，它是由化佛山上各座古刹的名称连缀而成，13 座古寺名都在其中。深山之中，一寺钟响，诸寺相应，久久不绝。只可惜这 13 座寺、庵在“文化大革命”期间大多被拆毁了，今天我们看到的只是其中保留下来的一小部分。不过朋友们不用遗憾，化佛山山高林茂，处处景秀，一定不会辜负你的期望。

栲树爷

我们眼前这棵枝繁叶茂、高耸入云的巨树叫高山栲，它高 30 余米，胸径 2.65 米，5 个人才能把它抱过来。论辈分，周围几株都要称它为“爷”，因为它的树龄已有千岁，人们称之为“栲树爷”。其余几株年龄虽然不大，但都已超过 500 岁，胸径有 1 米多，树高 20 余米。大家再看前面不远处，两株挺拔的栲树一左一右并排站立，中间一组石阶，石阶尽头就是位于丛林当中的宝莲寺了。

宝莲寺

宝莲寺是清康熙三年（1664 年）由霞光老衲所创建的，号称“不二法门”。我们面前的这一段残垣和身边的

---

①旃檀：读做“詹谈”。
②般：读做“波”。

这一块平坦空地就是当年宝莲寺的遗址。而今寺宇不在，平地上早已芳草青青。朋友们可能不知道，化佛山的古寺都是依山而建的，因为山势不同，光线、温度、风向、环境也都不相同，使不同的寺宇景色各异、各有所长。古代人曾经描述此为“宝莲夜雨”，现在阳光明媚，光线充足，自然不适宜听夜雨，就请各位入山继续浏览。

旃檀林

旃檀是一种香木的名称，产自印度南部的摩罗耶山，常用来制作佛像。佛教丛林中多有以旃檀命名的佛寺，用来供奉释迦牟尼。化佛山旃檀林位于山的中部，海拔2300米左右，是明朝天启年间（1621—1627年）建盖的，清朝咸丰和同治年间（1851—1874年）被毁，后来又重建了正殿，现在是化佛山风景名胜区管理处住地。现在我们看到的是旃檀林左边九叠泉上方的千年古藤，最大的一株巴豆藤胸径2.32米，藤展60多米，覆盖面积有2000多平方米，堪称“滇中之最，化佛山一绝”。

迦叶殿

曲径通幽处，在我们面前的就是化佛山历史上规模最大、最宏伟的寺庙——迦叶殿。迦叶殿以前所供奉的是释迦牟尼、普贤菩萨和文殊菩萨，佛灯辉煌，佛像庄严。没有被毁之前，正殿5间，墙上有壁画和诗文，殿宇挂满了金字匾联。匾联书法精妙，不少是出自名家之手。我们现在看到的香客居士是1998年在其遗址上恢复重建的，可以看出，大殿从前的布局是传统的中轴对称。

山门和大殿都隔了一定的距离，沿一条纵轴线摆放，轴线两旁的石柱和柏树明显都是对称分布的。迦叶殿前的密林中蜿蜒着一道石云梯，共999磴（现存789级），是从前入山的必经之道。朋友们也许都知道，寺院、佛塔、石窟并称为佛教三大建筑。化佛山目前没有发现石窟，但保留下来的佛塔却有40多座，部分塔中还有历代僧人的舍利子。下面，让我们去看看迦叶殿上方的3座佛塔吧，中间一座是“开山祖师无住之衣钵塔”，左边是“水目山非相禅师发爪之塔”，右面是“普睿寿塔”。3座佛塔都是由青石砌成，都属于覆钵式塔。塔高都是1丈2尺，底为须弥座，其上是莲台，塔顶是日月石雕。佛塔中没有舍利子，埋葬的是高僧们的衣钵、头发和指甲。

白云窝

各位朋友，山回路转，我们到了当年化佛山的第一宝刹——白云窝。顾名思义，此地云雾浓重，即使晴天也有云霞的护卫。以前寺旁还有个乌龙潭，据说“洞泉深碧，常出云气”。各位左手边的这片山间凹地就是从前的乌龙潭了。白云窝在化佛山一带颇有名气，原因有两个：一个跟无住禅师有关，这里是无住禅师的结茅苦修之地；另一个则跟乌龙潭有关。传说，在建盖白云窝时，附近山上的树木都不合适，到其他地方砍吧，既耗时，还要花费大量的人力、物力，大家正为木料发愁时，从山下来了位木匠，他说他名叫“鱼日，是专门来为盖庙做工的”。鱼木匠还告诉大家：盖庙的木料，山神都为我们准备好了，就放在山腰的龙潭里。大家不信，跑去一

看，真的看见碧绿的潭水中伸着半截木头，拉起来后长短、粗细正适合盖庙。一根拉完，另一根又冒出水面；再拉、再冒，大家都惊叹不已。不久，盖庙的木头就基本拉够了。一天，又有人去潭里拉木料，却听见潭里有个声音问道："够了吗?"不知谁说了一声："够了。"结果，潭里的木头就再也拉不出来了，只剩半截露在水面上。清点木料时才发现，不多不少，刚好缺了一根大梁，大家都很着急。鱼木匠就让大家把地上的木渣都归拢来，堆成一根木头样，再把米汤往上浇，当天夜里，山风呼啸，刮了一个通宵。天亮时，大家跑去一看，木渣已经变成了一根大梁。因为山风的缘故，中间还稍稍有点弯。回头再找鱼木匠，早已不见了人影，只有白云缭绕，盖满了整个山窝。后来，有聪明的人说，这木匠就是鲁班大师了。因为"鱼""日"加起来不就是个"鲁"字吗?

各位朋友，登山不易，但也其乐无穷。我们有时候穿松林，有时候过栲栗树，地下满是厚厚的松针和落叶，干燥的季节就特别容易失火，所以吸烟的朋友请一定多加忍耐。另外，我顺便再介绍一下，化佛山同时还属于楚雄州州级自然保护区，动植物资源都很丰富，保护区有兽类36种、鸟类98种、两栖类动物5种、爬行类动物7种，属于国家二级保护对象的有猕猴、水獭、水灵猫、云豹、穿山甲、鸢、雀鹰、白腹锦鸡等。植被以云南松、华山松、油杉、麻栎等天然林为主，林下灌木丛随处可见的是蕨类和杨梅。山中花卉除了山茶花外，还有马缨花、杜鹃、山玉兰、含笑、紫藤、沿阶草、兰花、丁香草，等等。一年之中，1月份杜鹃初放，二三月山茶、马缨花斗艳，5月杨梅挂果，9月松子成熟。特别值得一提的是当雨季来临时，采食松茸和菌类的好时节也就到了。

“验道茶”

朋友们，不知不觉中我们已经爬到了绕顶寺。绕顶寺是化佛山上位置最高的寺院，海拔2450米，规模不大，但建在陡坡上，又靠近顶峰，因此，观日出、看云海、听松涛数这里位置最好。大家请看那株山茶。这株茶花名为“验道茶”，又名“倒栽茶”，树高2丈、胸径0.528米，树龄在200年以上，花色艳红、花大如碗，九蕊十八瓣，是云南茶花中的珍品。据《定远县志》记载的军屯、青龙一带的民间传说，这株山茶花的老祖是一棵“倒插山茶”，是360多年前，白云窝的住持无住和尚插活的。无住和尚为了虔心向佛，就倒插此花来检验自己的诚心。心诚，倒插的茶花也能成活；否则，就会枯死。结果，无住和尚经受住了考验，山茶花开始发芽、长叶、繁荣生长。于是，其他各个寺宇都争相折枝插种，“倒插山茶”闻名一时。后来，此茶花在乾隆年间枯槁，它的子孙有3株存活了下来，绕顶寺的“验道茶”就是其中之一。

花　海

各位，我们现在正置身于化佛山的花海。请大家稍稍按捺一下激动的心情，慢慢观赏。那火红火红，成片成簇的都是马缨花，也间杂有山茶，高度在2～3米之间。马缨花是彝族人民极喜爱的花卉，有的地区还把它当做树神加以崇拜，不能随便砍伐。在楚雄州，许多地方还会举行一年一度的马缨花会。灌木丛中，红白相间的是杜鹃花，也有的开成紫色。此外，还有许多叫不出名字的野花。

天街

花海浏览完后，各位朋友，请随我直上天街。什么是天街，天街在哪里？请看前面松林中那片开阔的草地，那就是彝家人著名的山顶一条街——“天街”，每年的5月下旬到10月，雨季到来之后，树林中的松茸、牛肝菌、红菌等食用菌就一拨一拨地长起来。那时附近的山民就会拎着篮子去捡，再顺便摘些杨梅，然后拿到天街上去交易。交易完或者是没有交易完的人们晚上都会聚集在一起弹月琴、唱调子、对山歌、跳左脚舞，一直持续到夜间两三点。再往后，山货交易不断扩大，卖小吃的上来了，卖糖果糕点的也上来了，有的人干脆在这里安营扎寨，住上几个月。各位朋友，你是否也对这种“长歌怀采薇”似的生活有兴趣？如有时间，你也可以在这里“安营扎寨”住上几个月，体验一下天街生活。

望佛台

“不登望佛台，白游化佛山。”各位朋友，请站好了。这里就是望佛台，它西临峭壁，是化佛山的最高峰，海拔2588.7米。登高远眺，是不是有点“一览众山小”的感觉？往前看，远处是牟定坝子；南望是威楚原野，原野上波光粼粼的是九龙甸人工湖；西、北两个方向是远远近近、高高低低的山峦。真不愧为：翠色千峰入，波光一派流。更难得的是，与四川峨眉山一样，这里可以看到佛光。在峨眉山，从前的人迷信，不懂科学，以为佛光是上天的昭示，于是看到佛光后就不顾一切跳下悬崖，盼望着从此能够舍身成佛。其实，佛光不过是一种特殊的大气现象罢了，虽然罕见，但条件适宜就能产生。各位朋友，如果我们当中的哪一位有幸能够碰上，可不要乱跳哦，这样是跳不出三界之外的。何况佛家不是说过“佛向心中求”吗？只要有悟性，直指佛心，人人都能成佛。因此，取其意，我们这里的望佛台又叫“万佛台”。朋友们，仔细想想，从山脚到山顶我们已经经历了从一位普通的凡人到“僧侣”、到“神仙”、再到“佛”的完整过程，可谓“功德圆满、天人合一”。不知道大家能否用几个字来形容一下化佛山的景色呢？对了，那就是“山雄、林幽、树古、花艳、寺多、塔众”。化佛山的美景数不胜数，我们的游览就到此结束了。青山不改，绿水长流，欢迎各位再次光临化佛山。

民族节庆活动介绍

彝族火把节

农历六月二十四日的火把节，是楚雄州最隆重、最盛大、最富有民族特征的节日。火把节古时又称星回节，有关学者认为此节原系彝族十月历法的一个年节。在古彝族十月太阳历中，将一年的365天分为10个月，每月36天，余下5天为过年日，火把节就是上半年的过年日。

1981年5月25日，楚雄彝族自治州人民代表大会通过议案，确定火把节为州内彝族的法定节日。自1981年起，州、市政府每年均在楚雄鹿城举办欢庆火把节的活动。节前几天，鹿城就披上了节日的盛装。届时，国内外宾客盈门，省内外商贾云集，贸易街摊点密布，参加节庆的人数达10余万人之多，贸易成交额达数千万元。同时还举办民族体育比赛、民族民间文艺调演、文化科技展览等活动。数日内，贸易活跃，歌舞盈城。入夜以后，街头彩灯齐放，人们手中点燃的火把和高大建筑物上的霓虹灯交相辉映，火树银花，齐放光明，人如潮水，火如游龙。古老的火把节，已成为楚雄州弘扬民族文化、促进对外开放、开展经贸活动和各族人民大团结的盛会。

花山节

每到花山节，四面八方的苗族群众穿着由自己精心缝制的盛装来到集会场，吹起芦笙，跳起欢乐的芦笙舞，或者男女老少自择对手进行对歌比赛。同时还要举行千百年来深受苗族人民喜爱的穿花衣、斗牛、赛马、射击、射弩、登山以及篮球、拔河等体育比赛活动，还有进行商品物资交流。

彝族十月年

彝族除了同汉族一样称除夕为过年外，民间还有一个过年日，即在每年农历十月至十一月期间，由毕摩择出 3 天吉日过年，称为“十月年”，也称过小年。

过年时，人们欢聚在一起，举行隆重的祭祖仪式。年节期的 3 天中，第一天接祖，由毕摩做法事，由德高望重的老人领头，虔诚地把祖先接回寨中来，将清洁后的祖宗灵位供奉起来，杀羊宰猪，以酒血祭祀祖先，用“祭祀调”歌颂祖先创业的艰辛和功绩，表达后辈的缅怀深情。

彝族大刀会

农历六月二十四日，是彝族传统的盛大节日，除了耍火把，以火除祟，祭祀祖先、神灵，举行歌舞、体育活动，开展物资交流等外，各地还有一些不同的内容。最具特色的要数禄丰县高峰乡彝族每年火把节期间举行的大刀会。

大刀会因高峰乡附近的彝族成年男人参加而得名。每年农历的六月二十四日前，此地彝族成年男人都要把准备好的带3尺多长木把的“关公刀”磨得亮亮的，届时穿上节日的盛装，戴上插有野雉毛的头饰，扛上大刀，到火把梁子会集。由3个戴面具的神即“伦司颇”、“庚英颇”、“萨昔颇”，分别代表天神、地神、人神。3神带领手持大刀的群众在山头上冲杀，反复表演打斗、拼搏、格杀的动作，喊杀声震天动地，仿佛回到了殊死厮杀的古战场上。最后，大刀队在毕摩的带领下，在唢呐和鼓乐声中回到村寨，为各家各户表演大刀舞，驱鬼除祟。

开街节

“开街节”是姚安县前场地区彝汉两族人民进行物资、文化交流的传统节日。每年“开街节”这天，成千上万的彝族群众背着土特产，弹着月琴，从牟定、大姚和附近各乡赶来。各种日用百货、农副产品，琳琅满目，尤其是个体私营流通企业的货摊更显得活跃，总数达千余家。

三尖山歌会

在莽莽哀牢山的群峰中，有3座并立的高山，山峰如笋，亭亭玉立。早晨，火红的太阳从它们的身后升起；傍晚，太阳的余晖洒满它们一身，这就是美丽的三尖山。每年农历立秋日，楚雄市三尖山附近几个乡的彝族群众都要在这里举行盛大的歌会，成千上万的人身着节日的

盛装到这里对歌、跳舞、做买卖，祭祀三尖山上的土主神，纪念为彝家找回太阳的三位彝族姑娘。

彝族杨梅节

农历六月初六，山上的杨梅已熟透，长满杨梅的楚雄市小黑箐梁子吸引了成千上万的当地彝族群众前往过节。人们在山头上唱歌跳舞，青年男女则借采摘杨梅和歌舞的机会，寻找意中人。

彝语有一句谚语："六月六，杨梅熟，青年男女要上山。"在楚雄市的大过口、中山一带，这一习俗最为盛行，集中的地点就在小黑箐。农历六月初一和初六这两天，彝族青年男女们都穿上节日的盛装，女的背着箩筐，男的拿着三弦、笛子，成群结队地往杨梅山上走去。男青年找对象的办法是先尝尝姑娘们摘来的杨梅，谁的杨梅最甜，就找谁。

牟定三月会

三月会又名三月街，是当地彝族的歌舞盛会。改革开放以来，这一带因有物资交流而使其民族节日更加兴盛。除本州各县都有人参加外，省内外客商前来参加的人数多达 10 万人。白天以"街"为主，进行经贸物资交流；夜晚以"会"为主，彝族群众身着盛装，和着"淙淙"的月琴声和二胡声，围成无数大小不同的圈子，踏着欢快的乐曲，唱着悦耳动听的调子，跳起左脚舞。

彝族赛装节

每年农历正月十五，聚居在永仁县直苴地区及附近中和、大姚县桂花等地的彝族人民，都要聚集在一起欢度赛装节。所谓赛装节，就是服装、服饰大比赛的日子。这是一个充分显示彝族人民聪明智慧和勤劳能干的节日，也是一个爱美比美的节日。

赛装场上，色彩纷呈，满眼都是花花绿绿的鲜艳服饰，令你目不暇接。彝族妇女不光是在帽子、衣服、围腰上绣花，而且在挎包、鞋子、鞋垫上也绣满了各种图案。并且各人的工艺、构图、用色都互不相同，各有千秋。风雨雷电、日月星辰、山水木石、花鸟禽兽以及各种人物都可以入绣。其构图的繁简虚实，形象的夸张变形，色调的对比反差，令人叹为观止。

彝族插花节

插花节是颇具特色的彝族传统节日。节日期间，楚雄州境内从金沙江畔到哀牢山麓的各地彝族群众普遍到一个地方集会，其规模仅次于火把节，以大姚县昙华山区的插花节最为隆重。

每年农历的二月初八清早，人们就从山上采回盛开的马缨花、咂蜜花等插在住房门、大门、牛栏以及祖灵、土主、山神的神位上，并杀鸡宰羊敬献祖灵。人们身着节日盛装，胸前插戴马缨花，背着米酒、干粮和肉食，从四面八方涌向昙华山，举行祭花活动，并且互相插马缨花，表示美好祝愿，祈祷人寿年丰，然后欢聚在一起唱歌跳舞，通宵达旦，尽情欢乐。

彝族虎节

双柏县小麦地冲一带的彝族，于农历正月初八至十五日过虎节，彝语称为“罗麻”。当日，全村成年男人于村后祭拜土主后，经巫师占卜择出8人。这8人披上画有虎斑纹的披毡，脸、脚、手绘上虎纹，化装为虎，在黑虎头率领下跳各种模拟生产、生活、生殖的舞蹈，为全村各家各户驱鬼除祟，彝族语称为“罗麻乃轰”。

彝族虎节属虎图腾的遗风，作为民族民间文化活动，跳“老虎笙”受到各族群众的喜爱，除多次参加全州、全省组织的表演外，1997年还应邀到日本参加国际民间艺术文化交流。

后　　记

楚雄彝族自治州建州50周年之际，我们在州委、州政府领导的倡导、支持下组织出版了《漫游楚雄》一书，作为州庆献礼，也作为对楚雄彝族自治州旅游文化产品和资源的一种展示。

“十一五”时期是楚雄州经济社会发展至关重要的五年，也是“打造彝州文化精品、发展文化旅游产业、建设彝族文化名州”的关键五年。近年来，楚雄州文化旅游产业发展迅速，彝族文化名州建设取得了新成效，但文化旅游产业的发展依然任重道远。鉴于此，本书按照昆楚、南永、昆攀旅游黄金线进行编排，力求全方位介绍楚雄州内各旅游景点、景区的特色，让游客和业内人士全面了解楚雄州民族文化和地方文化。

本书特邀中共楚雄州委书记邓先培、州人民政府州长杨红卫担任顾问，州委常委、副州长李红民担任编委会名誉主任，除州旅游局李玉林局长担任编委会主任，州旅游局包继文、王兴林副局长，各科室科长任编委外，特别邀请了资深编辑文有贤、马志坚参与本书编辑。

杨红卫州长慨然为本书作序，编辑出版期间，李红民副州长多次过问，亲自审定书稿，并对本书的编写工作提出了意见和要求，使本书得以顺利付梓，在此一并表示感谢。

2008 年春